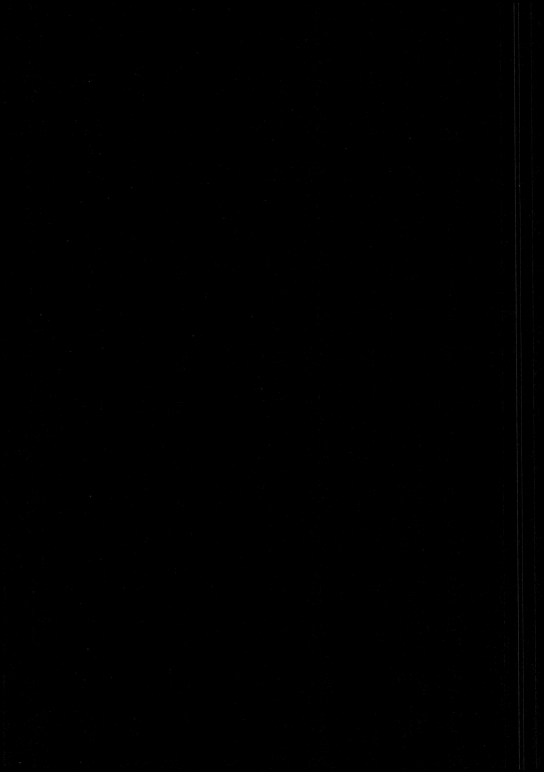

三添篤郎
Atsuro Misoe

協働する文化と研究

The Birth of Cold War America:
Collaborations between Culture and Research

冷戦アメリカの誕生

小鳥遊書房

冷戦アメリカの誕生——協働する文化と研究——／目　次

第二章　戦後の補綴術
——補聴器をつけた冷戦戦士たち——　45

第三章　対抗するサウンドスケープ
——『路上』における音響ネットワークの生成——　67

一．引用ページは本文中、（　　）内にアラビア数字で記した。
一．註は、巻末に章ごとの通し番号を付した。
一．参考文献は、巻末にまとめた。

序章

冷戦アメリカの誕生

1．一九四八年、ホワイトハウス

一九四八年五月二七日、第三三代アメリカ合衆国大統領ハリー・S・トルーマンは、ホワイトハウスの執務室にふたりの科学者を招いて、ささやかなセレモニーを開いた。トルーマンは、三つ揃いのスーツを着た彼らの胸元に勲章を授与すると、カメラマンに向かって満面の笑みを浮かべた。栄誉にあずかったヴァネヴァー・ブッシュとジェイムズ・ブライアント・コナントもまた、彼につられて頬を緩めた【図1】。

【図1】1948年5月27日、ホワイトハウスにおける授賞式。左からブッシュ、トルーマン、コナント。

三人の出会いのきっかけは、第二次世界大戦にさかのぼる。一九三九年に大戦が勃発した際、アメリカ政府は、ナチス・ドイツが進める原子爆弾の研究に大きな警戒心を抱いていた。そこで同年、時のフランクリン・D・ローズヴェルト大統領は、ドイツに対抗するため、核兵器の開発に着手していくことを政府として決定した。しかし、目覚しい成果がすぐに出るようなことはなかった。

この状況を打開するため四〇年に、政府に協力を申し出てきた科学者がいた。それが、マサチューセッツ工科大学で副学長を務めたのちにカーネギー研究所所長となったブッシュと、ハーヴァード大学の学長コナントであった。ローズヴェルト

【図2】人類初の核実験トリニティの成功を祝うコナントとブッシュ。ドキュメンタリー映画『アトミック・パワー』（1946年）において本人たちにより再現された。

大統領は、アメリカの科学界を代表するふたりを快く受け入れた。そして彼らに、諸大学の科学者たちを統括しながら、核の研究開発を推し進めていくよう命じた。ふたりはその任務を遂行していった[1]。

その後、徐々に研究が進んでいくにつれ、ブッシュとコナントは、これまでどおりの人員と予算では、原子爆弾の実現が困難であることに気づいていった。さらに、兵器を製造するにあたり、軍部からの支援が必要であることも明らかになった。ブッシュは、その現状を大統領に報告した。そして四二年から、陸軍の管轄のもとで始動することとなったのが、軍と科学者を総動員して、核兵器の完成を目指していくマンハッタン計画であった。責任者には、陸軍からレスリー・グローヴス准将が選ばれ、ブッシュとコナントもこの国家計画の進捗を監督する重責を担うこととなった[2]。これを機に、核開発は一気に加速していくこととなる。

ところが、原爆の完成がいよいよ目の前に見えてきた四五年四月、ローズヴェルト大統領が急逝してしまう。そのため急遽、大統領の座を任されたのが副大統領のトルーマンであった。トルーマンは計画の続行を認めた。そして同年七月、ついに人類初の核実験トリニティが、ニュー・メキシコ州アラモゴードの砂漠で成功することとなる【図2】。この翌月、広島と長崎へ原爆が投下され、アメリカは戦勝国となった。

その三年後、トルーマン大統領がブッシュとコナントをホワイトハウスに呼び寄せ、彼らに戦時功労賞と青銅樫葉章を授けたのは、まさにこのように原爆開発を主導し、アメリカに勝利をもたらすことに貢献したふたりの軍務を、政府として称えるためであった。

しかし、この授賞式はたんにふたりの過去の偉業を寿ぐためだけに実施されたわけではなかった。このセレモニーは、戦後世界に対してアメリカがどのような体制で向き合っていくかを対外的に表明する機会でもあったのである。授賞式の一年前、トルーマン大統領は、ソ連との冷戦開始を告げるトルーマン・ドクトリンを発表し、自由主義の盟主アメリカが、全体主義国家ソ連と対決していくことを、政府として公式に宣言したばかりであった。このセレモニーが開催された折、トルーマンは、共産主義諸国の世界的台頭を封じ込め、アメリカの覇権をいかに確立していくかという新たな戦後的課題に直面していたのである。そのために彼が選んだ道、それはブッシュとコナントという当時の学術研究界の双璧から、再び援助の手を借りることであった。戦後の激動を目の当たりにしていたふたりもまた、トルーマンからの要請に応える心づもりはできていた。そして、このトリオは、大戦中に育まれていった彼らの親密な関係が、第二次世界大戦以後もなお良好に継続していることを相互に確認しあう意味もこめて、笑顔で写真におさまったのである。この仲睦まじい三人の様子は、翌日の『ニューヨーク・タイムズ』紙はじめ各紙に掲載され、国民に知れ渡ることとなった（"Atomic Researchers Honored at the White House"）。

それでは、時の政権から絶大な信頼を集めることになったブッシュとコナント、そして彼らに導かれた同時代の学術研究者たちは、冷戦というパラダイムを立ち上げようとしたアメリカ政府の意向に、どのように協力していったのだろうか。これが本書全体を通じて考えていきたい問題である。

二一世紀を迎えた今、冷戦がどのようなプロセスを経ることで誕生したのかを、この一枚の写真を足がかりにして吟味し直していくことは、時代錯誤に思えるかもしれない。たしかに、冷戦の終結が宣言されたマルタ会談から三〇年が経過し、米ソ二大超大国が世界の覇権を競い合っていた情景は、いまや過去のものとなりつつある。しかし、これから見ていくように、第二次世界大戦直後に、アメリカが共産主義の浸透を食い止めるという大義のもとで練り上げていった思考体系や制度は、一九九一年のソ連解体とともに消え去ったわけではなく、むしろその後、アメリカの一極支配が決定づけられていくなかで、さらに強固となり、今世紀の政治や社会のあり方を、重層的に規定し続けていったのである。

私たちはその端的な例を、二〇一七年から四年間続いたドナルド・J・トランプ大統領政権に見て取ることができる。彼は大統領に就任すると、貿易摩擦問題を軸に中国を批判し始め、中国の大手通信機器メーカー華為（ファーウェイ）や在米中国総領事館をアメリカ国内から排除する運動を大々的に展開していった。二〇二〇年に新型コロナウイルスが流行しパンデミックが起きた際には、習近平国家主席の初動対応を痛烈に非難した。こうした中国批判を繰り広げていく際、トランプ陣営は、自由主義対全体主義という、トルーマン・ドクトリンと同じ二元論的世界観を持ち出し、中国のグローバルな拡張が、アメリカそして世界にとっていかに脅威であるかを主張し続けていった。これに対し中国も、南シナ海で軍事演習を行うなどアメリカを牽制したため、両国のあいだには、こんにちにいたるまで、いまだに大きな亀裂が走っている。こうした昨今の米中対立は、「新冷戦」あるいは「第二次冷戦」と呼ばれ始めており、二〇世紀後半に繰り広げられた冷戦が、二一世紀の今、あかたも再演されているかのような様相を見せている。

新冷戦の勃発に見られるように、私たちはいまだに前世紀に消えたはずの冷戦的な世界観や思考に囚われているのではないだろうか。本書はこうした立場から、現代を規定し続ける認識論的な枠組みとして冷戦を捉え、この冷戦が、どのような人や機関の連携体制のもとで生成されていたのかを見つめ直していく試みである。

一九四八年のホワイトハウスで撮影された一枚の写真が切り取ったのは、このように二一世紀まで延命し続けている冷戦が、第二次世界大戦直後、アメリカの学術研究者たちの手によって構想され、生み出されようとしている瞬間である。

2．冷戦と学問領域

本書は、一九四〇年代半ばから六〇年代半ばにかけて活躍したアメリカの学術研究者たちが、いかに冷戦の構築に関与していたかを多角的に分析していく研究である。しかし、ともすれば掴みどころのないこの問いに対して、私たちはどのような観点から、具体的な考察を推し進めていくことができるのだろうか。そのために、これからの議論において大きく依拠していくこととなるのが、アメリカ研究者ドナルド・E・ピーズが、ベルリン壁崩壊の翌年に、冷戦を振り返る形で真っ先に発表した論考「ニュー・アメリカニスト——キャノンへの修正主義的介入」（一九九〇年）である。

この論考のなかで彼は、一九四〇年代末から五〇年代初頭にかけて制度化された「アメリカ研究（American studies）」という学問領域にフォーカスを当て、この知がいかに冷戦イデオロギーと共犯関係にあったかを鋭く問いただしている。ピーズによれば、初期アメリカ研究者は、一見すると中立・客観的にアメリカの文化や歴史を議論しているように見えて、実際は、反共主義や自由主義的な考えに合致する文学作品や社会現象を評価していくという、「学問領域の無意識（the disciplinary unconscious）」（11）に囚われていたという。一九五〇年代のアメリカ研究者は、赤狩りに怯え、象牙の塔にこもっていたわけではなく、むしろ日々学問を探究していくなかで、米ソのイデオロギー的差異を発見しては補強していくという政治的な役目を果たしていたのである。

このいわゆるニュー・アメリカニズム宣言以降、アメリカ研究者は、自らが拠り所としてきたアメリカ研究という知の枠組みを、所与のものとして受け入れることがほとんど不可能となった。ピーズに応答しようとしたアメリカ研究者は、その後、冷戦期のアメリカ研究が抑圧してきたテクストの発掘と分析を始めると同時に、キャノン文学をポストナショナルな視座から批判的に読み直すことで、領域の刷新を試みてきた。アメリカ研究者は、ピーズらニュー・アメリカニストが投げかけた制度論的な問いを、アメリカ研究内部を自己批判し、変革するための足がかりとして重く受け止めてきたのである。

しかし、今あらためてこのピーズの問題提起を振り返ってみると、その議論の射程は決してアメリカ研究という特定の学問領域に収斂できない広がりをもっていたことに気づかされる。戦後アメリカは、ブッシュとコナントの力によって核の時代（アトミック・エイジ）に入るとともに、まさにこのふたりに導かれつつ、国家全体として学術研究を重視する学の時代（アカデミック・エイジ）にも突入し始めていたからである。

戦場から帰還した大量の兵士に高等教育を受けさせることで、国内の知的レベルを底上げしようとした復員兵援護法が成立したのは、じつに終戦間際の一九四四年のことである。翌年には、ヴァネヴァー・ブッシュが長文レポート「科学――終わりなきフロンティア」を発表し、戦時中の軍事研究をつうじて芽生えてきた政府と大学のつながりを、戦後さらに大きく展開し、諸学問領域への国家的支援を厚くしていく必要性を提言していった。また四七年に今度はジェイムズ・コナントが、メリトクラシー（能力中心主義）にもとづいた受験制度を本格的に整備する活動に乗り出し、全米統一学力試験ＳＡＴやＧＲＥの管轄を請け負うＥＴＳ（Educational Testing Service）を創設した。五〇年には、ブッシュが提示した青写真をほぼ踏襲するかたちで、トルーマン大統領がアメリカ国立科学財団（ＮＳＦ）を設立し、それまで政府とつながりの薄かった諸大学が、膨大な国家予算を受け取るようになっていく。そして、五八年には、対ソ戦略のために国防教育法が制定され、研究・教育領域にさらに莫大な国費が投入されるようになっていった。このようにあまりに短期間で高等教育が連邦政府に取り込まれていったため、ドワイト・D・アイゼンハワー大統領でさえ六一年の退任演説でそのような軍産学複合体制を表だって批判し、警戒感をあらわにするほどであった。

ブッシュとコナントを中心に進んだこうした戦後のドラスティックな教育・研究制度改革を念頭においたとき、アメリカ研究以外のどのような学問領域が、第二次世界大戦直後に誕生し、冷戦パラダイムの構築に寄与したかを問い直すことは、ピーズとは異なる問題系ではなく、むしろその延長線上から必然的に浮かび上がってくる課題である。実際、近年、アーカイブ資料の開示が相次ぎ冷戦研究が取り組みやすくなったこともあり、一九四〇年代後半から五〇年代にかけて編成されたメジャーな学問領域に対する検証作業は、徐々にその成果をあげつつある(3)。

こうした批評の動向を考慮に入れながら、一九四五年以降のアメリカの学術環境を改めて見渡すと、従来の冷戦研究では光の当たってこなかった、ややマイナーな学問領域までもが、この時代に次々と編成されていたことに、私たちは気づかされる。コナントが学長を務めていたハーヴァード大学において、音響学(audiology)が立ち上げられたのは、終戦直後の四六年である。デューク大学のジョセフ・バンクス・ラインが、超心理学(parapsychology)を心理学部から独立させ、あらたな研究所を学内に立ち上げたのは翌四七年のことである。この年にはブラジル研究(Brazilian studies)という地域研究の一分野も立ち上げられている。さらにやや時代を下った六〇年代には未来学(futurology)という、今では馴染みの薄くなった学問も生まれている。

ニュー・アメリカニズムが切り拓いた制度論的視座を積極的に引き受けていく本書は、これから、冷戦初期アメリカにおける学知の位置を見定めながら、これらの学問領域が、いかなる人や機関によって形成されたのかをたどっていく。そして、この学問の編成に関わった研究者たちが、新たな知を生み出していく過程で、どのような視点から戦後世界を解釈し、説明づけていたのかを精査していく。最終的に、これらの新学問領域が生みだした世界認識や思考体系が、冷戦というパラダイムを立ち上げていくうえで、いかなる役割を果たしていたのか、多角的に解き明かしていくことが、本書の目指す地点である。

3．学問領域という問題系

これから私は、戦後アメリカで生まれた四つの学問領域に着目しながら、第二次世界大戦直後の研究者たちが、いかにアメリカを冷戦へと駆り立てる役目を果たしていたかを考察していく。各章では、それぞれ異なる学問領域を論じていくこととなるため、本節ではあらかじめ、学問領域一般の定義と構成要素、および学問領域に避けがたく内在化されてしまう問題点をおさえておきたい。

学問領域とは何かという問いは、その語が多くを物語っている。学問領域を指すディシプリン（discipline）の元となったラテン語“disciplina”は、元来、「知識（knowledge）」と「力（power）」のふたつの意味をもっていた。英語“discipline”もまた、「専門知」と「懲罰・訓練」の二重の意味で使われてきた(4)。この両義性に着目した哲学者ミシェル・フーコーは、『言説の領界』のなかで、ディシプリンとは「ひとつの対象領域、一群の方法、真であると見なされた諸命題から成る一つのコーパス、規則と定義の一式、技術と道具の一式」をつうじて知識生産を促す一方で、そうして出来上がった特有の枠組みが、ときに世界を認識するうえで「拘束の原理」となってしまうことを指摘した（39-47）。学問領域とは、観察対象をある断面から切り取ることによって、それとは異なる別の断面からは切り取らないという、二重の操作を内包した知の（非）生産方法である。

歴史を通してみると、ディシプリンという考えを拠り所として知の生成に関わった場所としては、教会、アカデミー、博物館、図書館、軍隊、サロン、実験室などを挙げることができる。しかし通常、ディシプリンという語の指示対象は、教会でも図書館でもなく、大学と結びつけられている。ピーズがディシプリンという語を用いて論を展開したとき、それはアメリカ研究という大学で進められる学問領域を指すことは、暗黙の了解となっていた。いかなる歴史的変遷を経ることによって、ディシプリンは学科や学問領域を意味するようになっていったのだろうか。

歴史学者ピーター・バークによれば、大学の各学科には固有の知の生産方法＝ディシプリンがあるという発想が強まっていったのは一九世紀以降の話である（138）。一九世紀初頭、それは欧米諸国が科学と産業の発展を通じて近代化への道を模索し始めた時期である。このような時代の流れのなかで、各国は、それまで紳士や牧師の養成機関であった大学を、知の生産空間へと再編していく必要性を感じるようになっていった。研究大学の始まりともいわれるプロイセンのフンボルト大学が誕生したのは一八一〇年のことである。

大学において新たな知を次々と生産していくためには、研究対象ごとに各学部の内部を細分化したほうが効率はあがる。そこで研究目的と方法論を大枠で共有した研究者たちは、学科単位で集結するようになっていった。"department"が大学の学科を意味するようになったのは、一八三〇年代のことである。学科には、共通の学問的関心をもった学者が集い、カリキュラムの作成、学生の選抜、学位授与などを通じて、その学科固有の思考の枠組みが生産・再生産されていくようになった。

知が生産される場が、研究大学に集中していく国家において、ディシプリンとはアカデミック・ディシプリンとほぼ同義になっていく。それを突き詰めているのがアメリカである。一八七六年には大学院という制度を文字どおり発明したジョンズ・ホプキンズ大学が、アメリカ初の研究大学として創立され、ヨーロッパの学術研究レベルへの追い上げが進められていった。それから七年後には米国現代語学文学協会（Modern Language Association of America）、八年後にはアメリカ歴史学会（American Historical Association）、九年後にはアメリカ経済学会（American Economics Association）が創設され、各研究領域の専門化が加速していく。教育史家アンドリュー・アボットによれば、一九世紀末からアメリカでは研究大学が増え始め、また既存の大学でも学内組織の再編が進んだことで、二〇世紀初頭には、現在の高等教育を支える学部・学科の構成がほぼ出揃うこととなった（122）。

そして、この路線をさらに突き進んでいくことで、アメリカの研究大学が世界においても存在感を発揮していくこととなるのが、本書が扱う第二次世界大戦直後から一九六〇年代半ば、つまり冷戦初期のことである。そのあいだに、打倒ソ連をめざして政府と連携体制をとった研究大学は、ブッシュとコナントに率いられながら、学力試験によって選別した秀才学生を奨学金で引き寄せると同時に、政府や財団から巨額の研究予算を獲得し、圧倒的な財源と人材を獲得し、「黄金時代」（Menand 64）を築いていくこととなった。これから各章で触れることとなるハーヴァード大学、デューク大学、コロンビア大学といった諸大学が、学問領域を旗印に最先端の研究を推し進め、こんにちにいたるまで続く世界的な名声を獲得していくのは、こうした歴史的経緯を踏まえてのことである。[5]

問題なのは、研究大学で打ち立てられた諸学問領域は、たんに新たな知を生産するだけでなく、世界の見方をある法則にもとづいて「拘束」してしまう点である。冷戦の生成過程を論じるために、研究大学で編成された諸学問領域の動向にまず着目するのは、戦後アメリカにおいては、知の生産空間の最上位に大学が位置づけられており、研究大学で生み出された認識論的枠組みが、アメリカ全体の世界認識に大きな影響を与えていたと考えるからである。

4. 協働する文化と研究

それでは、冷戦というパラダイムの創出を支えた諸学問領域の思考体系は、いかなる資料を精査することによって把握することができるのだろうか。注意しなければならないのは、学問とは決してひとりのスター級の学者や、当該分野で有名な一冊の研究書によってのみ進展するわけではないということである。知識とは、多様なアクターが連結しながらグループワークで構成されていくものである。こうした特性上、これからの議論は、分析対象資料のフィルタリングを前提としないことによって進められていく。

まず、学問領域とは、多様な要素の結びつきによって構成されていくものである。学内においては、学部・学科の設置、教育カリキュラムの作成、学部生・大学院生の獲得、実験室の整備等も知の生産に関わってくるだろうし、学外に目をやれば、同じ目的・方法論を掲げる研究者との共同研究、学会の創設、学会誌の創刊、また政府・産業・軍部との連携や、新聞・雑誌・テレビ等を使った広報活動も時には重要となってくるだろう。

これにくわえて、同時代の文学・文化テクストを学問領域に関わるネットワークの外部ではなく、その一部として捉えることで、戦後特有の思考体系が形成されていくダイナミズムを、より多角的に析出していくことができるようになるだろう。この方法論的視座は、とりわけ冷戦時代の知を論じていくために不可欠なものである。冷戦文化研究の泰斗ステファン・ホイットフィールドも述べるように、直接的な軍事衝突がないまま、米ソイデオロギー対立という観念的な構図にもとづいて戦争状態を維持していたアメリカ政府にとって、「市民を冷戦に協力的に参加させる」(10)ためには、何らかのメディア装置が必要だったからである。彼に倣えば、戦後アメリカで生み出された文学・文化テクストは、大学で形成された高度な知を、市民に中継する役割を担ったメディアとして位置づけることができる。こうした読み替えにより、私たちは、J・D・サリンジャーの『ライ麦畑でつかまえて』(*The Catcher in the Rye*, 一九五一年)をメリトクラシーと、ビート派作家のテクストを音響学や超心理学と、トルーマン・カポーティ『ティファニーで朝食を』(*Breakfast at Tiffany's*, 一九五七年)をブラジル研究と、スタンリー・キューブリック監督『二〇〇一年宇宙の旅』(*2001: A Space Odyssey*, 一九六八年)を未来学との関わり合いから、新たに読み解いていくことができるようになる。

このような観点から本書は、学問領域の編成に関わる多様な要素を、可能な限り柔軟に取り上げていく。そして、学術研究領域が文学・文化領域と連携しながら、いかにアメリカ国民の戦後世界認識を方向づけていったのかを明らかにしていく。この議論を進めていくなかで私たちは、文化と研究が協働するダイナミズムのなかから、冷戦アメリカが誕生していく光景を目撃していくことになるだろう。

5. 本書の構成

以上の問題意識と方法論的視座にもとづいて、私はこれから、第二次世界大戦直後のアメリカにおいて編成された学問領域が、冷戦というパラダイムをいかに生み出したのか、六章立てで論じていく。各章は、あるひとりの科学者から始める場合と、ある文学・文化テクストから始める場合がある。しかし、それは矛盾するものではない。先述したとおり、ある知の生成に携わるのは、ひとりの学者だけでも、ひとりの研究機関だけでも、一冊の書物だけでもない。ある時代を特徴づける思考や認識の体系とは、多くの人やモノが連携しあうことによって徐々に形成されていくものである。どのようなアクターを起点に論を始めるにしても、各々の章は文化と研究双方に言及していき、最終的に両者が協働的に練り上げていった認識論的枠組みを浮かび上がらせていくことになるだろう。

第一章では、まず第二次世界大戦直後のアメリカにおいて、教育・学術研究が重視されていく大きな流れを論じる。とくに一九五一年に公開された政府製作の短編映画『ダック・アンド・カヴァー』(*Duck and Cover*)、コナントとブッシュの科学政策論、そしてJ・D・サリンジャー『ライ麦畑でつかまえて』を取り上げることで、これまで核の時代と呼ばれてきた冷戦時代のアメリカが、学の時代でもあったことを明確にしていく。

これ以降は、個別具体的な学問領域の分析に入っていく。まず第二章では、音響学を論じる。第二次世界大戦直後、アメリカでは難聴を抱えて帰国した兵士の存在が社会問題となり、彼らを治癒するために音響学が誕生した。そして、この新たな知を生かして作られた補聴器を着用すれば、帰還兵たちは失われたマスキュリニティを回復することができるという身体観が、新聞・雑誌メディア等を経由することで広められていった。こうした考え方は、一見すると音響学とは無関係に見える対ソ封じ込め言説や、国防政策、さらに赤狩りマッカーシズムの言論空間のなかにも循環し、拡散していった。本章は、こうした音響学的知の流通過程を辿ることによって、「健全な聴覚を保つ」という音響研究の目的が、戦後、多様な領域において共有され、冷戦アメリカを立ち上げるための原動力となっていたことを明らかにしていく。

第三章を受ける第三章では、ハーヴァード大学から広まった音響学を、ビート派がアカデミズムとは異なる領域に接合していくプロセスを論じていく。とりわけビート派の「聖典」とみなされてきたジャック・ケルアックの長編小説『路上』（*On the Road*, 一九五七年）に焦点を絞り、音響学の知が大学以外の領域に波及していく過程で次第に換骨奪胎されていき、六〇年代対抗文化を生み出していくまでの道のりに迫っていく。

第四章で論じるのは、感情によってつながることの可能性と危険性を科学的に追求し、超心理学という学問領域を打ち立てたデューク大学心理学部教授ジョセフ・バンクス・ラインである。一九三〇年代から地道にテレパシーの実証に挑んでいたラインは、第二次世界大戦が終わると、突如として政府・軍部・CIAと共同研究を開始し、さらにはビート作家や西海岸シリコン・ヴァレーの技術者にも頻繁に論及される著名な研究者へと変貌を遂げていった。テレパシーを立証するという彼の研究は、なぜこれほどまでに第二次世界大戦後に注目を浴びたのか。本章はこの問いに回答を試みるため、ラインが残した著作や当時過熱していたテレパシー実験報道などを分析の俎上にのせ、それらを反共主義や反唯物論との関わり合いから読み解いていく。

第五章は、トルーマン・カポーティ『ティファニーで朝食を』と、同時代の航空旅行政策ならびにブラジル研究との接点を精査する。第二次世界大戦後にグローバルな覇権を獲得しようとしたアメリカ政府は、世界中の飛行場を結ぶことで観光産業を活性化し、同盟国との友好関係を強固にしようとした。この政策や理念は、学問的には地域研究を通じて、文化的には映画『ローマの休日』（*Roman Holiday*, 一九五三年）などを通じて広まった。本章はこの戦後外交政策と『ティファニーで朝食を』の呼応関係に着目し、本作が東西陣営で分断された冷戦的世界地図を、読者に想起させる文学テクストであったことを詳述する。

第六章では、未来予測を研究目的とする未来学を考察する。もともと一九四〇年代後半にシンクタンクであるランド研究所で産声を上げた未来学は、六〇年代に一気に制度化されていった。それを促したのが、コロンビア大学の社会学者ダニエル・ベルを議長として、政府が立ち上げた「二〇〇〇年委員会」（一九六五年）であり、その知を活かして製作されたスタンリー・キューブリック監督の映画『二〇〇一年宇宙の旅』である。

本章は、こうした未来学者とSF作家の協働作業に光を当て、彼らがいかに冷戦ひいては冷戦以後の世界を構想していたかを論じていく。

本書は、以上の観点から学術研究領域と文学・文化領域が相互交渉しながら、冷戦というパラダイムを生み出していくダイナミズムに迫っていく。それをふまえ終章では、各章で展開した学術制度への批判的な視座と、昨今のアメリカ研究が推し進めているグローバルな視座との接点を模索し、今後の冷戦研究が取り組んでいかなければいけない課題を提起していく。

この試みが達成されたとき、私たちは、トルーマンとブッシュとコナントが集った一九四八年のホワイトハウスの執務室に、冷戦アメリカの原像を見て取ることができるようになるはずだ。

第一章

核と学の遭遇

――『ダック・アンド・カヴァー』、コナント、サリンジャー――

一九五一年、連邦民間防衛局（ＦＣＤＡ）は、九分一五秒の短編映画『ダック・アンド・カヴァー』を大々的に公開した。映画の公開は時宜を得たものであった。それは、ソビエト連邦が初の核実験に成功した二年後、核機密をアメリカ国外に流出させたとしてローゼンバーグ夫妻が逮捕された翌年のことであった。ソ連からの核攻撃によってアメリカが爆撃される可能性は、まさに現実のものになろうとしていた。その状況下で本映画は、本土に核弾頭が飛んできた際、即座に机の下などに屈んで（duck）、頭を覆えば（cover）、爆風から身を守ることができることを高らかに謳った。二一世紀のわれわれの目から見ると、あまりに杜撰な論理に立脚した啓蒙映画であった。

しかし物語の滑稽さは、『ダック・アンド・カヴァー』の文化的価値が低いことをまったく意味しない。事実は逆である。『六〇年代アメリカ』で有名な社会学者トッド・ギトリンは、学生時代にこの映像に則した避難訓練を何度もさせられたことを鮮やかに記憶している（22-23）。さらにスタンリー・キューブリック監督『博士の異常な愛情』（*Dr. Strangelove or: How I Learned to Stop Worrying and Love the Bomb*, 一九六四年）のブラック・ユーモアを彷彿とさせる核ドキュメンタリー映画『アトミック・カフェ』（*The Atomic Cafe*, 一九八二年）や、ＴＶアニメ『サウス・パーク』（*South Park*）のエピソード「火山」（"Volcano", 一九九七年）、そしてスティーヴン・スピルバーグ監督の映画『ブリッジ・オブ・スパイ』（*Bridge of Spies*, 二〇一五年）にいたるまで、『ダック・アンド・カヴァー』は冷戦アメリカの原風景のように、これらの映像の要所に登場してきた。二〇〇四年、アメリカ議会図書館は、「一九五〇年代に何百万人という生徒たちに観賞された」このプロパガンダ映画を、「文化的・歴史的・美学的」重要性の高い映像に認定し、本作を半永久的に保護する「アメリカ国立フィルム登録簿」に、『ベン・ハー』（*Ben-Hur*, 一九五九年）などとともに選定した（"Saving the Silver Screen"）。文化批評家トレイシー・C・デイヴィスも述べるように、『ダック・アンド・カヴァー』は戦後アメリカの「集団的記憶」となってきたのである(9)。

ナンセンス極まりない本短編映画が、国家的価値をもちえてしまう事実を、素直に受け止めることは難しい。机の下にもぐれば核攻撃に対抗できるとする物語は、なぜ一九五〇年代に説得力を帯びることができたのだろうか。言い換えれば、第二次世界大戦後のアメリカ政府は、なぜ「核」と「学」をひとつの映像表現のなかで共存させる映画を作り出そうとしたのだろうか。この問いを解明しない限り、私たちはこの映像から滑稽さ以上の意味を掴みとることはできないだろう。そこで本章は、『ダック・アンド・カヴァー』を、同時代に活躍したハーヴァード大学学長ジェイムズ・ブライアント・コナントや、J・D・サリンジャーの青春小説『ライ麦畑でつかまえて』(一九五一年)と並置することで、映像の杜撰な論理に整合性をあたえた政治的・歴史的文脈を突き止め、映像のなかから、戦後アメリカ特有の認識体系を析出していく。核と学をひとつのテクストで共存させようとする思考とは、『ダック・アンド・カヴァー』の専売特許ではなく、冷戦アメリカを形作っていた文化コードそのものである。

1. 教育映画としての『ダック・アンド・カヴァー』

『ダック・アンド・カヴァー』が、核をめぐる映画であることは一目瞭然である。ポール・ボイヤーの『原爆の初光で——核の時代の幕開け期におけるアメリカの思想と文化』(一九八五年)にはじまり、ローラ・マッケナニー『家庭で民間防衛が始まる——軍事化が五〇年代日常生活と出会う』(二〇〇〇年)、トレイシー・C・デイヴィス『緊急事態——冷戦期核民間防衛』(二〇〇七年)、メルヴィン・E・マシューズ・ジュニア『ダック・アンド・カヴァー──冷戦から九・一一における、映画とテレビにおける民間防衛のイメージ』（二〇一二年）にいたるまで、本映画は、戦後アメリカで作られた核戦争映画の一部あるいは代表として扱われてきた。私もこの見解を否定するつもりはない。しかし、この映画が核だけでなく、教育に対しても比重を置いていることもまた、同時に否定することはできない。

冒頭から結末まで映像を追ってみよう。九分一五秒の映像は、危険に対して用心深いバートという名前の亀が、爆竹の音に反応して甲羅に身を隠すアニメーションのシークエンスから始まる。それと同時に、「ダック・アンド・カヴァー」という歌のコーラスが始まる。つぎに、生徒を諭すかのように、男性俳優ロバート・ミドルトンのナレーションが入り、「亀さんバートがやったことを覚えておこうね、お友達のみんな。みんなひとりひとりが同じことをしましょうね。それがこの映画のお話だよ。ダック・アンド・カヴァー！」と、語り手と観客の親密さが作り上げられる。前口上として、この映画が連邦民間防衛局の公式映画で、アメリカ教育協会（ＮＥＡ）が協賛し、アーチャー・プロダクションが制作を請け負ったことが告げられる。その後、亀が命の危機を脱することができたのは、危険を察知した途端に甲羅で防御したためであると強調される。この一分二〇秒のオープニングには、子ども向けのアニメーションと、先生のナレーションと、アメリカ教育協会のクレジットが登場している。それにより、この映画が教育領域と隣接関係にあることがあらかじめ示唆されている。

事実、この導入部が終了した途端、場面は小学校に変わる。このとき映画冒頭から続くナレーションの語り手が、この小学校の男性教員の声であることを観客は知らされる。このクラスは、白人・非白人の区別なく多人種で構成されており、この映画がアメリカの全学生に向けられた映画であることが明示されている。そして先生は、火事には消防士が、自動車事故には警察が出動するように、「新しい危険に対しても備えなければいけない」と続ける。ここで言う「新しい危険」とは核攻撃のことであり、必要な防衛策とは頭を手で覆い身を丸くする「ダック・アンド・カヴァー」のことである。この後、原子爆弾が炸裂した瞬間を知る方法を、別のクラスの女性教員が説明している映像に切り替わる。そして、休み時間のグラウンド、放課後の自宅前、道路で、非常警報サイレンが鳴った場合は、建物内かシェルターに避難行動を取るよう指示が入る。ところが警報が間に合わない場合がある。そのときは、亀さんバートのように、閃光を感じた瞬間に、「ダック・アンド・カヴァー」を迅速に行わなければいけないと、語り手は緊迫感を出して早口で急き立てる。警報が間に合わないと想定されるアポカリプス的状況として登場する空間は、教室と廊下と登校中の道路と自転車運転中の路上とスクールバス内とピクニック場と農場である【図1】。

【図1】核攻撃から身を守る少年少女。映画『ダック・アンド・カヴァー』（1951 年）より。

日常生活空間が一瞬でグラウンド・ゼロに変貌するというメッセージは、都市と田舎の区別なく、すべての子どもたちに向けて発っせられている。そして再び教室が映し出され、あらゆる場面でどのような避難行動をするか話し合っていくよう、語り手が締めくくる。亀さんバートが再登場してきてこう総括する――「何をすべきか覚えたかな、お友達のみんな！　声に出して教えてみて。閃光をみたらどうするんだったかな?」。それに答えて、子どもたちが「ダック・アンド・カヴァー！」と大きな声をあげる。そしてエンド・クレジットとして、ニューヨーク・シティとオレゴン州アストリアの公立学校が協賛したことが挿入され、この一〇分弱の映画は終わる。このように映像全体を見てみると、本作を核戦争映画として区分する従来の議論には窮屈さを抱かずにはいられない。焦点は明らかに学校と学生にも向けられている。

裏を返せば、この映画は核を描いているように見えながら、核を描いていないともいえる。原子爆弾と原子力がもたらす甚大な被害をすでに知っている私たちにとって、民間防衛局が提示したこの呑気な防衛策は、核攻撃がアメリカ本土にもたらす被害を余りに過小評価もしくは隠蔽しているように映る。歴史家ジョアン・ブラウンによれば、第二次世界大戦後から五〇年代における原爆関連テクストには、「戦争・死・爆撃・攻撃・戦闘・核戦争・原爆・空襲」といった表現が欠落し、代わりに「危機・緊張・緊急事態・災害」や「生活への脅威」「起こるかもしれない事態」「いつか現実になるかもしれない出来事」といった婉曲表現が使われることが多々あった（79）。『ダック・アンド・カヴァー』も同様に、「危機」という語を頻用している。核の脅威をあまりに強調しすぎると、当時推進されはじめた原子力政策に反対運動が巻き起こる可能性があったという事情もあるだろう。それだけでなく、マンハッタン計画の中枢を担った科学者ロバート・オッペンハイマーが赤狩りされたことで、専門家が核のネガティヴな側面を口にすることを控えはじめたという政治的理由もある。実際、机の下に隠れたところで爆風により木っ端微塵になるのではないかという、当然想定される素朴な異議申し立ては、公開直後の映画評には奇妙なまでに登場してこない。

核の実態が後景になると同時に前景化されているのが教育である。映画冒頭でクレジットされているとおり、『ダック・アンド・カヴァー』の制作には民間防衛局だけでなく、アメリカ教育協会も携わっている。映画のタイトルを考えたのは、当時ヴァージニア州の現職小学校教員であったヘレン・セス・スミスである。「学校でダック・アンド・カヴァー方式の避難訓練をやっている」と、本映画の制作会議において彼女が発言したことが、このタイトルの起源だとも言われている。(1) さらに完成直後、本短編はまずニューヨークの学校関係者向けに限定公開され、この映画の漫画版ブックレット『亀さんバートのダック・アンド・カヴァー』（*Bert the Turtle Says Duck and Cover*）は全米三〇〇万人の学生に向けて配布された。さらに民間防衛局は、『タイム』『ライフ』『ルック』といった主流雑誌や、NBC、CBS、ABCといったテレビ放送局で、本映画の広報活動を行い、ラジオ局では『亀さんバート』（*Bert the Turtle*）という一四分のラジオドラマを流すなど、この映画を売り込む手立てを尽くした。もちろん、民間防衛局はその他にも八本の啓蒙映画『都市は戦わなければならない』（*Our Cities Must Fight*）、『原爆攻撃下での生存』（*Survival under Atomic Attack*）、『家庭の消火』（*Fire Fighting for Householders*）、『細菌戦争について知っておくべきこと』（*What You Should Know about Biological Warfare*）、『神経ガスについて知っておくべきこと』（*What You Should Know About Nerve Gas*）、『救命のための緊急動作』（*Emergency Action to Save Lives*）、『これが民間防衛だ』（*This Is Civil Defense*）、『産業のための民間防衛』（*Civil Defense for Industry*）を作成していた。しかし、このなかで現在もなお命脈を保っているのは、学校と生徒を舞台にした本作だけである。核映画『ダック・アンド・カヴァー』は制作においても、物語においても、広報においても、教育領域と密接に絡まり合っていたのである。

ここで私は、『ダック・アンド・カヴァー』は核映画ではなく、教育映画であると主張したいわけではない。そうではなく、核と学をひとつの映像表現のなかで同時に表象しようとする欲望のありかを突き止めないかぎり、戦後アメリカが生みだしたこの奇妙な映画のメッセージをつかみ損ねてしまうと言いたいのである。『ダック・アンド・カヴァー』をめぐる先行論はこの両義性について考察をめぐらせてこなかったが、この映画の肝は、原爆と学校がスクリーン上で共存していることそれ自体にある。両者の共存がどのような意味をもちえたのかを歴史的視座から見定めるためには、映像をとりまく種々の言説空間に目を向けなければならない。

2. コナント、マンパワー、国防教育法

核と学をひとつの思考回路のなかで結びつけようとする姿勢は、『ダック・アンド・カヴァー』のみに現れるものではない。大戦後、ソ連を打倒するために立ち上がった冷戦戦士たちもまた、同じ発想をもっていた。彼らの言説を精査し、それを『ダック・アンド・カヴァー』に投げ返したとき、なぜ本短編映画が核映画と教育映画の両ジャンルの要素を合わせもっていたかを把握できるようになるだろう。

まず注目したいのが、第二三代ハーヴァード大学学長ジェイムズ・ブライアント・コナント（在任期間一九三三—五三年）である。コナントも核と学をまたぐ人物である。一方で彼には核科学者としての顔がある。第一次世界大戦中、化学者として毒ガス研究に従事していたコナントは、第二次世界大戦中に米国国防研究委員会（NDRC）の会長となり、核爆弾の製造を秘密裏に行うマンハッタン計画の中心的存在となっていった。彼はトルーマン大統領に原爆投下を進言したひとりでもある。戦後になると彼は、アメリカ政府が立ち上げた原子力委員会の顧問となり、科学研究を牽引していった。

それと同時に彼は、教育改革にも尽力していった。彼のもうひとつの顔とは、教育者としての一面である。彼は、縁故や親族関係、経済資本や文化資本によって進学先と入試の合否が決定していく従来のアドミッション・ポリシーは見直すべきであるとして、学力を第一義に据えるメリトクラシーをアメリカの基盤に据えることに力を注いだ。もちろんメリトクラシーの実現は、一九三三年の学長就任と同時に彼が唱えていた主張である。しかし、第二次世界大戦直後に急速に彼の教育観が普及したのは、大学受験の「機会均等」という民主主義的理念が、当時勃興しつつあった反ソ・反共主義と相まって支持を集めることができたからである。彼は、

あきらかに冷戦構造を意識したタイトルで、一九四八年に教育哲学書『分断された世界における教育――私たちの比類なき社会における公立学校の役割』（*Education in a Divided World: The Function of the Public Schools in Our Unique Society*）を刊行し、「能力だけが勝つはずだ（merit alone should win）」（6）と冒頭から強く訴えかけた。この「能力だけが勝つはずだ」の目的語はソ連でもある。メリトクラシーが現実のものとなれば、建前上「アメリカには階級が存在しない」（14）ことを国内外に示すことができる。いま目の前で始まろうとしているソ連とのイデオロギー闘争に勝利するためには、メリトクラシーの導入は、一刻も早く成し遂げなければいけない課題だったのである。

彼のこの教育哲学は、大学入試改革という形をとって具体化され、アメリカに根づいていくこととなる。彼は、学長就任とともにＳＡＴの受験をハーヴァード大学の受験規定に盛り込み、その後、この学力試験を全米諸大学に普及することに奮闘した。さらに彼は一九四四年に成立した復員兵援護法を後押しし、学力に秀でた帰還兵をハーヴァード大学に自らの意志で大量に受け入れていった。彼のこの功績は、一九四六年九月二三日号の『タイム』誌のカヴァー・ストーリーで取り上げられ、彼は一躍時の人となった【図2】。さらに翌四七年にコナントは、現在、ＳＡＴ、ＧＲＥ、ＴＯＥＦＬ、ＴＯＥＩＣの管轄母体でもある巨大試験機関ＥＴＳの創設にも会長として携わった。

【図2】1946 年 9 月 23 日号『タイム』誌の表紙を飾るコナント。

受験体制の再編に関わったのは、もちろんコナントだけではない。四六年にはＳＡＴ対策講座カプランがニューヨークに開校し、受験産業の雛形が出来上がりはじめた。四八年には、アメリカ教育局の機関誌『スクール・ライフ』（*School Life*）が特集「アメリカ的民主主義への熱意」を組み、メリトクラシー社会の到来を称える。文学領域も例外ではない。アーサー・ミラーの戯曲『セールスマンの死』（*Death of a Salesman*, 一九四九年）は、大学受験の合否がいかに将来の収入を左右することになるかを悲劇的に描いている。のちに述べるように、サリンジャーの『ライ麦畑でつかまえて』も、この渦中のなかで登場した大学受験小説であった。こうした流れに掉さすように、コナントは『分断された世界における教育』を刊行するにとどまらず、五三年には『教育と自由』（*Education and Liberty*）、五八年には『今日のアメリカの高校』（*The American High School Today*）といった教育書を相次いで刊行していくこととなる。

コナントは、このように一方では科学者として、また一方では教育者としての顔をもっていた。核と学は、コナントの思考回路のなかではいささかも矛盾するものではなかった。メリトクラシーにもとづいて、受験生を能力別にスクリーニングする大学入試制度が整備されれば、ソ連を打ち負かすことのできる学者の卵たちを効率的に発見できるようになると、彼は見込んでいたからである。ソ連の軍事力が台頭しているにもかかわらず、大学入試に縁故主義を採用し続けることは、端的にアメリカの敗北を意味した。

アメリカは学の時代へと突入しなければならない。この切迫感は、アメリカ政府の中枢にも共有されていたものである。一九四九年に行なった演説のなかで、ハリー・Ｓ・トルーマン大統領は、「教育は国防の最前線にあり、［中略］教育を通じて共産主義と戦うことができる」と主張し、教育の役割を国防と断定している。そして、教育ならびに学生こそが、「ファシズムや共産主義に対する防波堤」として機能することになるだろうと結論づけている。本来であれば、軍事的な核兵器で守られるはずのアメリカは、「教育」や「学生」によって守ることが可能であると、彼は見込んでいた（Truman, "Address at Rollins College."）。実際この翌年、彼は、ヴァネヴァー・ブッシュが「科学――終わりなきフロンティア」（一九四五年）で描いた素案をもとに、アメリカ国立科学財団（ＮＳＦ）を設立し、国を挙げて科学研究・教育に対して財政支援をしていく方向性を明確に打ち出した。

教育領域に重きを置こうとする動きが、このように大戦直後のアメリカ国内で湧き上がってくると、五〇年代以降は、学校で育成された国家的人材を「マンパワー（manpower）」と直截に呼ぶブームが訪れるようになる。先陣をきったのは、『ダック・アンド・カヴァー』公開と同年の一九五一年にコロンビア大学が立ち上げた国立人材委員会（The National Manpower Council）である。アメリカ教育協会との共同研究によって進められたこの教育組織は、メリトクラシーにもとづいた職業選択と科学者・研究者の育成を多角的に議論した。その報告書が『人的資源と教育』（*Manpower and Education*, 一九五六年）である。本教育会議の報告に登場する発想とは、学生それ自体をアメリカにとっての「マンパワー」とみなす奇妙なものである。

> 民主主義にとって避けて通ることのできない責務とは、あらゆる個人の才能や能力をたえず育成していくことである。個人の成長を促進するという理想に加えて、我が国が集めることの出来るありとあらゆる能力が、こんにち差し迫って必要な状態にある。合衆国は今やある状況下に置かれているのだ。訓練されたマンパワーの全資源（all its resource of trained manpower）を最大限にフル活用することが、以前の平時に比べて、急を要すると同時にまた時には難しくなっているのだ。（Educational Policies Commission 7）

このように問題提起をしたあとに、国立人材委員会は、原子力の登場によって変容する新たな産業構造に対応可能な、「訓練されたマンパワー」の養成を国家目標として位置づけている。コナントが大学受験によって選抜しようとした学生、トルーマン大統領が「国防の最前線」に立つとした学生、ブッシュが財政支援をしようとした学生に対して、一九五〇年代のアメリカは「マンパワー」というキャッチ・コピーを割りあてた。

もちろん、マンパワーという語はそれ以前から存在していた。マンパワーは、一九世紀半ばの産業革命を受けて、馬力の発想とおなじく、エネルギー量を人間の力で換算するなかで生まれた造語である。『教育と冷戦』の著者アンドリュー・ハートマンも述べるとおり、この語が、エネルギー産業を飛び出て、教育領域にまで派生し使用されるようになったのは、第二次世界大戦中のことである。軍産学複合体制がとられ始めた戦中、教育現場における職業訓練は、軍事訓練と同等のものとみなされていくようになった。総力戦のエートスが醸成されるなかで、学校で教育を受ける学生は、即座に軍事的な活躍が期待されるマンパワーとして捉えられていった。そしてこのマンパワーという概念は、共産圏に打ち勝つという目的を共有し始めた戦後の教育現場に、またたくまに広まっていったのである（Hartman 63）。五〇年代の教育雑誌『学校と社会』（*School and Society*）や、民間防衛局の出版物『学校における民間防衛』（*Civil Defense in Schools*）や『民間防衛警報』（*The Civil Defense Alert*）といった専門書だけでなく、『ニューヨーク・タイムズ』『タイム』といった主流メディアにおいても、マンパワーという語は幾度となく登場していくこととなる。

そして、学校でマンパワーを育成することで共産主義に打ち勝つという物語は、最終的に法案として実を結ぶこととなる。一九五七年にソ連の科学技術力を世界中に知らしめることとなったスプートニク・ショックが起こると、翌年、アメリカ政府は国防教育法（The National Defense Education Act of 1958）を制定した。国防のために研究・教育環境を増強しようとした本法案は、科学技術・外国語教育に巨額の予算を投じようとしただけでなく、奨学金を充実させるとともに、学生選抜試験の制度面をも強化していこうとした。この法案で注目すべき点は、条文にマンパワーという当時のホットワードが刻み込まれていることである。

こんにちの教育における緊急事態に対応するためには、政府のあらゆるレベルで、さらなる努力が必要である。従って本法案の目的は、さまざまな手段で、各個人や各州、その下部組織に、実質的な援助を与えることである。その結果、充分な質と量を伴った訓練されたマンパワー（trained manpower）が、合衆国の国防を必ずや請け負ってくれるはずである。（"The National Defense Education Act of 1985." 1581-82）

言うまでもなく、「訓練されたマンパワー」という表現は、コロンビア大学の国立人材委員会がその報告書で使用した表現と、まったく同一である。教育現場で育成されたマンパワーがあれば、核弾頭を保有する敵国を打倒することができる――コナントを筆頭とする知的マッチョな冷戦戦士たちが好んだこのシナリオは、こうして法案となり、冷戦アメリカを駆動させていくこととなるのである。

トルーマン大統領やコナントやブッシュやコロンビア大学の教育プロジェクト、そして国防教育法を念頭においたうえで、『ダック・アンド・カヴァー』を見直したとき、私たちはその映像表現から滑稽さのみを感じてしまう段階から、一歩前に進むことが出来るはずだ。この一〇分たらずの短編映画が見せたのは、物陰に隠れれば、原爆クライシスを回避できるとする民間防衛政策のいい加減さではない。この映画は、ソ連からの核攻撃に対して、国防の要塞と化した学校空間で、「訓練されたマンパワー」が勝利をおさめるプロセスを萌芽的に描いているのである。単体でみると杜撰に見えるこの映画は、当時の冷戦戦士たちが愛好した物語そのものである。『ダック・アンド・カヴァー』は国防教育法の予告編である。

3. ホールデンの大学受験

ここまで私たちは一九五一年公開の『ダック・アンド・カヴァー』とそれを取り巻く状況を精査してきた。そこで見て取ることのできた核と学の相補関係は、同時代の文学テクストにも循環していた。その代表的な例こそ、『ダック・アンド・カヴァー』と同年に刊行され、一九五〇年代アメリカ文学を代表する作品のひとつとなった『ライ麦畑でつかまえて』である。

もちろん本小説に、『ダック・アンド・カヴァー』への言及があるわけでない。通説にしたがえば、本作は、高校退学を余儀なくされたホールデン・コールフィールドが、ニューヨークに出て「インチキ(phony)」な人物を糾弾し、成長を拒み、イノセントな幼年期を永遠に追い求めていく青春物語である。そしてこの文学テクストを、ジェームズ・ディーン主演『理由なき反抗』(*Rebel Without a Cause*, 一九五五年)やビート派の文学と同列の「若者文化」として位置づけることは、アメリカ文学・文化史における定番の解釈である。しかし、ホールデンを「若者」として一括してしまうことで、逆に見えなくなることもある。本小説においてホールデンは、四年制の名門私立高校に寄宿する三年生であり、「イェール大学かプリンストン大学に進学する」(112)予定を控えた大学受験生として人物設定されているのである。これを見過ごすことはできない。先述したとおり、同時期に、ハーヴァード大学学長コナントは、学力を最優先とするメリトクラシー国家アメリカを立ち上げるために、大学入試を抜本的に再編しようとしていたからである。『ライ麦畑でつかまえて』は、これまで論じてきた言説・表象群と、水面下で文化コードを共有しているのではないだろうか。一九四九年のクリスマス前の三日間を描く『ライ麦畑でつかまえて』を、メリトクラシーをめぐる文学テクストとして読み進めていくとき、私たちはそこに、核と学を両立させようとする戦後的認識の形成に、サリンジャーも関与していたことに気づかされるはずである。

『ライ麦畑でつかまえて』を大学受験という視点から読み直していく可能性は、冒頭からすでに暗示されている。この戦後告白体小説は、コロキアルな語彙を使ったもって回った言い回しで、両親の影を消し去ることから始まっているからである。冒頭からホールデンは、自分の出生情報、両親の職業、あるいはそれに付随した自伝めいたことを語ること、また読者がそのような来歴を聴こうとすることを、先回りして封じている。たしかに、この小説では母は声のみ、父にいたっては一度も登場してこない。ホールデンは遺産や縁故に依拠しない新しい物語を紡ごうとしているかのようである。アイヴィー・リーグを受験するかもしれないと作中で明記されている、プレップ・スクールの高校生ホールデンが、家庭環境や親族関係の話題を物語開始と同時に回避したがるのはなぜか。

この問題に絡んでくるのが大学入試である。当時のアイヴィー・リーグは、プレップ・スクール出身の高校生をほぼ自動的に合格させるシステムになっていた。プレップ・スクールとは、従来、教会や家庭が担っていた子弟の規律訓練を、学校空間で実践するために一九世紀に誕生した教育機関である。そこでは、「ブルジョアでキリスト教徒のジェントルマンで、可能ならば運動能力の高い」若者を育成することが試みられていた(Brookeman 60)。このプレップ・スクールの卒業生の受け皿が、東部のアイヴィー・リーグであった。イェール大学、プリンストン大学、ハーヴァード大学の合否判定要因を緻密なアーカイヴ調査によって分析したジェロム・カラベルによれば、これらの大学は、建前上は高校生に受験の門戸を広く開放していたが、受験生に推薦状、エッセー、課外活動報告書、出生情報の提出を義務づけることで、彼らの民族的・階級的出自、両親の資産を特定し、WASPでプレップ・スクール出身の学生を優先的に合格させ続けてきた。こうしたプレップ・スクールとアイヴィー・リーグの親密なつながりは、コナントの大学入試改革にもかかわらず、第二次世界大戦後もしばらく継続されることになる。たとえば、本小説の登場人物ジョージは名門寄宿高校アンドーヴァーの高校生であるが、一九五〇年のアンドーヴァー高校のハーヴァード大学合格率はじつに九四％であった（Karabel 189）。ホールデンの寄宿学校も同様である。一八八八年に創設されたペンシー高校は、「少年たちを明晰な思考をする優秀な若者へと形作ってきた」（4）ことを喧伝する「すごい裕福な家の子どもがいっぱいいるところ」（7）である。ホールデンの知り合いの大学生が、物語中ことごとくアイヴィー・リーガーなのは、プレップ・スクール卒業生の典型的な進学先を物語っている。そして、ホールデンは物語冒頭で縁故を真っ先に否定すると、その制度に関わる人物たちを次々と糾弾していくのである。プリンストン大学生エディ・バードセル、イェール大のアイヴィー・リーガー、サリーに近づくハーヴァード大学生、エルクトンヒルズ高校やペンシー高校の学友、さらにはプレップ・スクールそのものが、ホールデンにとってはすべて「インチキ」なのである。

そして彼は、従来的な進学制度に関わる人物や制度を否定した代補として、ＳＡＴのプロトタイプとなったＩＱ検査の尺度をしばしば用いることで、コナント同様、縁故主義からメリトクラシーへの移行を進めようとしている。ホールデンにとって、ルームメイトのストラドレーター、学友フレデリック・ウッドラフ、エドモント・ホテルの宿泊客、音楽酒場アーニーズの客と演奏者、売春斡旋をするエレベーター・ボーイのモーリスは、ホールデンにとって全員、「モロン（moron）」である。「モロン」とは、ＩＱ検査を二〇世紀初頭に開発したフランスのアルフレッド・ビネーの仕事を、アメリカに翻訳し紹介したＨ・Ｈ・ゴダードが、高度知能障がい者を描写するために持ち出してきたギリシア語である（Gould 159）。本試験の点数分布は人種・民族的に区分けされ、優生学を支える科学的根拠とみなされた。一九二四年移民法が制定されるさい、プリンストン大学教授カール・ブリガムはこのIQ検査の点数を、人種・民族排斥を進めるための論拠として活用した。そしてこのブリガムこそ、第二次世界大戦後、コナントらが積極的に大学入試に導入していったSATの開発者であった。当初、優生学を裏づけるために教育現場に持ち込まれたIQ検査やSATといった学力測定法は、大戦直後に高等教育が拡充されていくなかで、優生思想を正当化する根拠としてではなく、学力の高い高校生を大学に引き入れるための物差しとして利用されていくようになる。ホールデンは、学力測定法に近接した枠組みによって世界を捉えている。

　実際、ホールデンはIQの高さを重視する一面がある。一八章でホールデンは、コロンビア大学に通っている高校の先輩カール・ルースを、「ウートン・スクールでは誰よりもIQが高く」、「わずかなりとも知性的な会話を交わすことに興味をもつ」（177）学生として評価している。ホールデンは、IQというレンズを通して人の良し悪しを見極めようとしている。彼は、「インチキ」と離縁していく一方で、試験で高得点を取るという手順を踏まえた大学生カールとなら関係を継続してもよいと判断しているのである。ホールデンが批判するのはプレップ・スクールとそれをとりまく因習的な制度であり、知や教育そのものではない。ホールデンは、コナントとブッシュとトルーマン大統領と『ダック・アンド・カヴァー』、そして国防教育法へといたる過程で形成されていったメリトクラシーの思想に近づいているようである。

　冷戦戦士たちは、マンパワーたる学生が主体的にソ連との戦いに参加していく姿を思い描いた。コロンビア大学生カール・ルースに会って、学力の重要性に気づいた直後のホールデンも同様に、マンパワーになろうとしている。

　いずれにせよ、原子爆弾なんてものが発明されたことで、ある意味では僕はいささかほっとしてもいるんだ。もし次の戦争が始まったら、爆弾の上に進んでまたがってやろうと思う。僕はそういう役に志願しよう。ほんとに、真面目な話。(183)

なぜ一八章末尾でホールデンは、あたかも「自爆テロ志願者」(巽 293)を彷彿とさせるかのように、唐突に「核」の話をするのか。核と学の交差を見てきた私たちにはうまく見通せるはずだ。『ダック・アンド・カヴァー』は核戦争の勝敗を生徒に託し、コナントとブッシュは科学者養成に尽力し、トルーマン大統領は「教育は国防の最前線」であると主張し、コロンビア大学はマンパワーの育成を唱え、最終的に、教育・研究こそがソ連への対抗手段になるとして国防教育法が制定された。ここで、ホールデンがみずからマンパワーとして核弾頭そのものになろうとする身振りは、冷戦初期に繰り返されたこうした核と学の遭遇の、文学的表現のひとつであるといえる。教育の話を徹底的に突き進めていった際に、軍事に到達するという点において、ホールデンは冷戦戦士と思考を共有している。『ダック・アンド・カヴァー』の子どもたちが防衛のために机の下に隠れていたとき、同じ時期に同じニューヨークにいた高校生ホールデンは原子爆弾に乗って反撃に出るマンパワーの役回りを志願しているのである。

それではホールデンは、「インチキ」を摘発したあとに、メリトクラシー国家アメリカが築き上げられていくことを望んでいたのだろうか。最終的にホールデンはこの道にも進まないことになる。物語後半、ホールデンはニューヨーク大学英文科教員アントリーニ先生と邂逅する。アントリーニ先生はホールデンに大学進学を勧め、「高等教育を受けた学究の徒こそが価値のあるものを社会に与えることができる」(246)はずだとコナントさながらに講釈をする。

「ほかにも学校教育が君に寄与するところはある。ある程度長い期間にわたって学校教育を受けているとだね、自分の知力のおおよそのサイズというものが、だんだんわかってくるんだ。それがどういうものにフィットして、更に言うならばおそらく、どういうものにフィットしないのかということがね。そしてしかるのちに、それだけのサイズをもった知力がどのような思考を身にまとえばいいのかが、君にも見えてくるわけだ。そうすることによって君は、サイズに合わない理念やら、似合わない理念やらを試着してみる手間を省くことができる。いちいちそんな試行錯誤みたいなことをしていたら、膨大な時間が無駄になってしまうものね。そして君は自分という人間の正しい寸法を知り、君の知力にふさわしい衣をまとうことができるようになる。」

それから出し抜けに僕はあくびをしてしまった。まったくもう、なんて失礼なやつなんだ！（247）

学校教育を受ければ自分に何が適切で、何が適切ではない職業かをすぐに効率よく理解できるというアントリーニ先生の提案は、メリトクラシーにもとづいたマンパワー育成政策と同じ論調である。ホールデンは、こうしたコナント＝アントリーニ的な理念を耳にしたとき、「あくび」をしてしまうのである。ホールデンは縁故主義を否定したあとに到来するであろうメリトクラシー社会をも、最終的に否認していることになる。

ホールデンはその先に、いかなる教育のありようを見据えていたのだろうか。物語終盤、ホールデンは自宅に戻ることも、学校に戻ることも拒否し、その代わりに西部へとひとり旅立つ決意をすることとなる。そして、移住先で知り合った女性とのあいだにもし子どもが生まれたら、その子どもには「山ほど本を買い与えて、自分たちで読み書きを教え」（258）ていきたいと夢想し始める。ホールデンは、ＷＡＳＰの特権階級向けの戦前教育制度とも、メリトクラシーを前景化する戦後教育制度とも結びつくことのない、新たな教育を模索しているのである。しかし、この西部移住計画は具体性を帯びることなく頓挫してしまう。彼は精神病棟に収容されるからである。

病棟で一連の出来事を回顧する最終第二六章、ホールデンは、次の九月に学校に戻る予定かと尋ねる精神科医の問いを払いのけ、新学期の開始を引き延ばしていくと同時に、精神病棟に居座り続ける。そして物語はそのままエンディングを迎え、第一章の冒頭に循環構造をとって戻ってくる。その結果、「イェール大学かプリンストン大学に進学する」宿命を背負わされたホールデンは、物語上、円環し続けることによって、プレップ・スクールとアイヴィー・リーグの境界線上に留まり続けることになる。彼はいつまでもSATを受験しないため、結果的に大学生になることもない。戦後アメリカが、ソ連との戦いにおいて不可避的に採用していった統一学力試験を、ホールデンは受験しない。大学入試から離脱すること、これこそホールデンが戦後アメリカに突き付けた抵抗の形だったのである。『ライ麦畑でつかまえて』は、マンパワーを養成する冷戦期の大学に入学することを、永遠に先延ばしていく非大学受験小説である。

『ダック・アンド・カヴァー』をめぐるささいな謎から始まった本章において確認してきたのは、第二次世界大戦後のアメリカでは、核言説と教育言説が幾重にも重なり合わさっていたということである。核について語ろうとするとき、そこには教育が見え隠れし、やがて学校はアメリカの国防を担う場として捉えられていくようになった。冷戦初期のアメリカは、このように教育領域を軍事化させようとする思考と制度によって支えられていたのである。

第二章

戦後の補綴術

――補聴器をつけた冷戦戦士たち――

第二次世界大戦が終わると、ハーヴァード大学学長ジェイムズ・コナントは、知によってソ連に勝利する方法を模索し始めていった。そのため彼は真っ先に、大学入試改革に乗り出し、学力の高い学生を、高等教育の場に積極的に受け入れていった。それと並行して彼は、学内における学術研究体制にも手を加えていった。一九四八年にはさっそく、ソ連研究を請け負う「ロシア研究センター」を新設し、学問的立場から敵国の実態調査を進めていった。ところが、それに先立つ四六年にハーヴァード大学では、すでに新たな学問領域が始動していたのである。それは音響学（audiology）である。音響学という知は、冷戦アメリカを立ち上げるうえで、どのような役割を果たしていたのだろうか。

この問いに向き合っていくうえで私たちはまず、音響学に関心を寄せたのは、コナントだけではなかったことを確認しておかなければならない。国連原子力委員会アメリカ代表バーナード・バルークもまたそのひとりである。バルークは一九四六年、アメリカによる「核の独占」を国連で宣言し、軍事超大国アメリカの礎を築いた人物のひとりである（Franklin 162-65）。興味深いことに、アメリカを冷戦へと駆り立てた彼は、補聴器の愛好家でもあった。一九四七年一〇月二三日付の『ニューヨーク・タイムズ』紙に掲載された「補聴器を使いなさいと、バルークが元米兵に要望」と題する記事は、彼のこの意外な一面にフォーカスを当てたものである。この記事によるとバルークは、帰還兵に向かって講演会を開いた際、補聴器を着用しながら国連で公務にあたっている自らの写真を示し、戦後の社会生活を送るうえでいかにこの装置の着用が有益であるかを熱弁していたという（"Use Hearing Aid, Baruch Asks Ex-GI's." 27）。彼は、国際的な舞台で活動する自らの身体を作り上げていくうえで、音響学的知と、それを技術的に応用した補聴器を積極的に利用していたのである。

さらに私たちは、この系譜に、サイバネティクス理論の父ノーバート・ウィーナーも付け加えることができるきる。マサチューセッツ工科大学において、人間と機械の共生を追求し続けたウィーナーは、一九五〇年に『人間機械論』（*The Human Use of Human Beings*）を刊行し、失われた身体部位を工学的医療器具によって補完する補綴術（prosthetics）の発展を促し、戦後アメリカにおいて補聴器の技術開発を行なっていくことを強く推奨している。教育家ジェイムズ・コナント、政治家バーナード・バルーク、数学者ノーバート・ウィーナーといった、一見するといかなる接点もないように思える異なる分野の人物たちは、音響に関わる知や技術を媒介として、ひとつにつながっていたことになる。

大戦直後に現れたこうした聴覚領域への高い関心を、歴史的・政治的文脈から切り離して論じ続ける限り、音響学という知の編成や、補聴器という医療器具の開発は、戦後社会における科学技術史の一コマとしてしか見なされないだろう。問わなければいけないのは、冷戦が実体化し始める時期に、なぜ聴覚の障がいに打ち勝とうとする思考が、アメリカ国内で急速に立ち上ってきたのかである。この問いを解明していくために本章は、これまで個別に論じられることの多かった帰還兵をめぐる医療問題、四〇年代後半から五〇年代における外交言説と大衆文化、そして赤狩り公聴会において、いかなる身体イメージが醸成され共有されていたのかを分析していくこととなる。それにより、戦後における身体観の変容が、冷戦アメリカの生成といかに密接に絡まりあっていたかが多角的に浮かび上がってくるだろう。最終的に、聴覚を補綴化していく力学こそ、戦後を冷戦へ移行させる力学そのものであったことを明らかにすること、これが本章の目的である。

1. 帰還兵、音響学、補聴器

冷戦初期に聴覚への関心が高まった理由を考察していくためには、まず時間軸を第二次世界大戦にまでさかのぼる必要がある。戦場には、大砲や銃器は言うに及ばず、ロケット、爆弾、タンク、戦闘機など途轍もなく大きな騒音を出す新兵器が次々と投入されていた。日常生活とは一変した音響空間の最前線に投げ込まれたことで、六〇〇万人とも言われる男性アメリカ人兵士たちは、次々と聴覚に損傷を負っていった。この負傷兵に対応していくために、ウォルター・リード総合病院などの軍事施設は、陸海軍の兵士に向けて、大規模な聴覚医療システムを増設していった。ハーヴァード大学も一九四〇年に音響心理学研究所（Psycho-Acoustic Laboratory）を開設し、聴覚研究の整備・拡充を担っていった。音響学という学問領域の名称が正式に誕生したのは、じつに終戦直後の四六年のことである（Berger, "Genealogy" 38-44）。さらにこの翌年には、ハーヴァード大学の音響学者スタンレー・スミス・スティーヴンスらが、兵士への聞き取り調査を交えながら、聴覚の機能を生理物理学の観点から論じた『補聴器』（*Hearing Aids*）を刊行し、音響研究で得られた知見を医療技術の開発へと活かしていく必要性を訴えかけていった。このように戦傷兵に対する調査研究体制が全米に広がったことにより、五〇年代初頭の難聴者数は少なくとも七五〇万人、最大では一五〇〇万人も存在することが明るみとなっていった。この男性復員問題により、医療器具として二〇世紀初頭には実用化されていた補聴器の生産量は、第二次世界大戦後には四三年の二倍、五四年までにはその三倍以上と軒並み上昇した。(1)

戦争直後、膨大な数の戦傷者が存在したにもかかわらず、補綴技術の着用は帰還兵に拒否され、不能の記号となる場合があった。大戦直後の主流ジャーナリズムは、復員兵援護法に代表されるように帰還兵の戦後社会への再適応を促進するために補聴器の入手を推奨していく一方で、医療器具の装着がマスキュリニティをめぐる葛藤を巻き起こしていた様子も伝えている。一九四六年四月二八日『ニューヨーク・タイムズ』紙の「リハビリ」と題する記事では、「補聴器を着用することは自らの欠点を認めたことになると感じる者もいる。それは彼らのプライドを傷つけるが、プライドは多くの着用者が存在すれば解消する。補聴器があれば仕事はより効率的になるし、日常生活はより安全になり、家族と社交からより多くの楽しみを得ることができる」（Rusk, "Rehabilitation" 32）と、重症を負った帰還兵の速やかな社会復帰が促されている。

バーナード・バルークが男性兵士に向かって行なった講演を、この報道記事と並置したとき、聴覚をめぐる戦後言説群の存在が際立ってくる。一九四八年一月一八日『ニューヨーク・タイムズ』紙の「難聴を理解するための試験とサービスが必要」という報道もまたそのひとつだ。ここでは、「補聴器を所持している多くの人は、適切に着用法を教えられておらず、簡単に挫折してしまうため、着用していないのだ。他の者は誤った虚栄心のために補聴器を拒んでいる」（Rusk, "Need for Tests and Service for Hard of Hearing Seen" 36）と、医療器具による補助を拒む男性帰還兵の「虚栄心」が指摘されている。男らしさを醸成する機会となった戦場で、聴覚に見えない傷を追った兵士は、補綴器具を装着したことで病を可視化してしまう。補聴器は男らしさを、ただちに問題化する契機となってしまっていた。

戦後アメリカにおいては、補聴器を着用してもマスキュリニティは失われないという説得は、これを製造する業界にとって避けて通ることのできない課題となった。第二次世界大戦直後の補綴器具を文化的視点から論じた数少ない論者のひとりデイヴィッド・サーリンは、大戦後の帰還兵向けの義手・義足をめぐる言説・表象が、戦後社会における中産階級ホワイトカラーの男性像を生産する役割を果たしていたことを解き明かした（45-74）。補綴器具の表象にマスキュリニティを織り込む操作は、補聴器広告にも見て取れる。一九四五年に出版されたゼニス社の販促パンフレット『再び聴こえるようになる』（*Learn Again to Hear*）に掲載されているひとりの男性は、健全な聴覚能力の維持とマスキュリニティの維持が相互関係にあったことを窺わせる。戦場における逞しい身体をそのまま戦後社会に移行させたかのような、タンクトップを着たマッチョな男性は、補聴器のバッテリーとアンプを身体に密着させながら、嫌な顔ひとつせずに微笑んでいる(37)。

この三年後の四八年、同じゼニス社は「難聴に困っていますか?」という題目の広告も雑誌掲載している【図1】。キャプションには、ゼニス社の補聴器が「男性・女性・子ども」向けであると説明されながらも、右耳に手を当てて必死に音声を聞こうとする男性の姿のみが描かれていることは注目に値する。付言しておけば、当時、補聴器購買層には、男性のみならず女性や子どもも含まれていた。ただし、この広告が示すように、第二次世界大戦後の補聴器は、とりわけ戦場で聴覚を後天的に損傷したまま社会復帰を促されていく数百万人規模の若い男性帰還兵に向けられていた。

Troubled with
DEAFNESS?
—then you'll be thrilled with the new revolutionary Zenith "75" Radionic Hearing Aid. You can order it by mail without risking a penny. Let a 10-Day Trial* at home, at church, at business, prove it's the finest hearing aid you can buy regardless of price. Saves you over $100.00.
HEAR BETTER or Pay Nothing
Light, compact single unit. Costs less than a cent an hour for battery consumption. Comes ready to wear. Accepted by the Council on Physical Medicine, American Medical Association. Send postcard now (no obligation) for full particulars telling how tens of thousands of hard-of-hearing men, women and children have found new joy and happiness with this amazing new hearing aid.
*Available on direct sales by Zenith Radio Corporation or its subsidiaries.
Look only to your doctor for advice on your ears and hearing
ZENITH RADIO CORPORATION HEARING AID DIVISION
Dept. HA118, 5801 West Dickens Ave. Chicago 39, Illinois
Makers of World-Famous Zenith Radios. Leaders in Radionics Exclusively for 30 Years.

【図1】「難聴に困っていますか?」
『ハーパーズ』誌、1948年11月号。

「難聴の克服」という主題は、マッカーシズムが加速し、反共主義コンセンサスが形成されつつあった五〇年代初頭にも繰り返しイメージ化される。五二年にはトランジスタ技術が実用化し、「見えない」小型補聴器として市場に大量に流通するようになる。トランジスタ補聴器誕生の翌五三年、すなわちソ連が水爆実験に成功した年、同じゼニス社の広告は、すでに人工器具の助けによって、失われた聴覚機能を取り戻した男性の姿を描いている（Zenith, "These Four Great American Executives"）。広告には「四人の偉大なアメリカのエンジニア会社の重役」と見出しがあり、補聴器を付けた男性の紹介文がそれぞれ記されている。彼らは、第一次・第二次世界大戦に参戦し聴覚障がいを負いながらも、現在は航空機産業、ゼネラル・エレクトリック社、クライスラー社、テレビ協会（Television Associates, Inc.）の一線で活躍中であると細かく記されている。ここで取り上げられた企業が、戦中は軍需産業を担い、戦後は軍産学複合体制で科学技術の推進を担った中心的な企業であるのは象徴的だ。この広告は、第二次世界大戦期の男性身体を冷戦へと中継する役目を担っている。補聴器は、男らしさを損ねるどころか、アメリカの根幹にある産業を主導する冷戦期の「偉大な」男たちの、マスキュリニティのメトニミーにまで押し上がっているのである。

補綴技術を装着するか否かが、帰還兵の男らしさをめぐる指標となっていく状況は、ジャーナリズムだけに見られるものではなく、ウラジミール・ナボコフの代表作『ロリータ』（一九五五年）にも影を落とす。物語終盤、語り手である男性主人公ハンバート・ハンバートが、少女ロリータ（ドロレス・ヘイズ）と再会する場面に補聴器は登場する。ハンバートの元を逃れた後、ロリータは「たくましい若者」ディックと結婚するため、自活生活を送っている。以下の引用は、その家屋にハンバートが訪ねたときの様子である。

「ディック、これがあたしのパパ！」とドリーがよく響く大声で叫んだのは、私にはまったく奇妙で、新しくて、陽気で、そして年を取って、そして悲しく聞こえたが、なぜかと言えば、その若者は、遠い戦地から帰還した軍人で、耳が遠かったからだ（hard of hearing）。［中略］ドリーとバンドエイドをしたビルがまた現れた。どうやら褐色で青白い彼女の曖昧な美しさがこの片腕の男を興奮させたらしい、と私はそのとき思いついた。ディックはほっとした笑いを浮かべて立ち上がった。まあその、ビルと一緒にまた電線工事に戻りますので。まあその、ヘイズさんとドリーは話が山ほどあるでしょうから。まあその、お出かけになる前にはまた来ます。なぜこういう連中は、まあまあばかり言って、髭も剃らずに、補聴器をばかにするんだろう（so disdainful of hearing aid?）。（273-275）(2)

これまで言及してきた医療言説は、この場面でハンバートが言表する苛立ちに、正確に応えるものだ。ハンバートは、なぜ聴覚能力を欠損した若い兵士が、補聴器を拒否するのか理解に苦しんでいる。もちろん小児性愛者としてのハンバートは、戦時期に規定されたマスキュリニティに抵抗し、オルターナティヴな性を探求する男性という一面がある。しかし同時にハンバートはバーナード・バルークらのように、補聴器の着用を復員兵の義務とした点では、冷戦期に要請された男らしさの観念にからめとられてもいる。第二次世界大戦直後の男性は、聴覚と補綴技術の共生を模索し追及していたのである。

2. 冷戦戦士の聴覚

大戦直後、復員男性のマスキュリニティをめぐる葛藤は、補聴器をめぐる議論を通じて多面的に現れていた。では、聴覚の補綴化は、同時代の反共主義言説といかなる関係にあったのだろうか。バーナード・バルークと主流メディアが、男性帰還兵に向かって補綴器具の装着を訴えた一九四七年とは、戦後外交の表舞台に立つ冷戦戦士たちが封じ込め政策を提唱した年でもある。失われた聴覚を取り戻そうとしたのは兵士だけではない。彼らもまた国家身体を物語る際に、「難聴の克服」を修辞として用いていったのである。

封じ込め政策の提唱者ジョージ・ケナンは、一九四七年に『フォーリン・アフェアーズ』誌に発表し、封じ込め政策を決定づけたいわゆる「X論文」で、ビクター社の蓄音機の前に鎮座する犬のロゴマークのイメージを援用しながら、ソ連は「主人」と「主人の声を一方的に聴く者」によって構成されている国家であると分析している。冷戦文化研究を代表する批評家アラン・ネイデルも指摘するように、このようなケナンの語りは、「ボディ・ポリティック（統治体）と人間の身体を暗に同一視する」ことで、ソ連への対抗策を導き出そうとするものであった（15）。実際、この分析結果をふまえてケナンは、ソ連の弱点は耳であると判断し、それを実際の外交戦略に応用していくこととなる。ケナンはその後、資本主義と民主主義を広めるためのプロパガンダ・ラジオ放送「ヴォイス・オブ・アメリカ」の制作に携わり、ソ連国民の聴覚にアメリカの理念を届ける文化政策を実施していった（Hixson 32）。

ソ連は「主人の声」を受動的に聴く国民によって構成されていると規定したのがケナンならば、戦後アメリカの外交指針を聴覚の隠喩で語り始めたのは、ソ連には「タフな方法」（Gaddis, *The United States* 205）で挑むという男性的な路線を明確にしたハリー・S・トルーマン大統領である。彼は一九四七年三月一二日、共産圏がギリシャとトルコへ侵攻することを食い止めるために、両国へ経済援助をすることを大々的に宣言した。米ソ冷戦を決定づけたといわれるこのトルーマン・ドクトリンにおいて彼は、国際社会におけるアメリカの責務を、「難聴（deaf ear）」という修辞によって理解させようとしている。

> 合衆国はギリシャ政府から財政的・経済的支援の緊急要請を受け取りました。在ギリシャのアメリカ経済派遣団からの仮報告および、在ギリシャのアメリカ使節団の報告によると、ギリシャが自由国家として生き残るには支援が必須であるというギリシャ政府の見解はたしかなものです。私はアメリカ国民

と議会がギリシャ政府の要請に耳を貸さないことはないと信じています（I don't believe that the American people and the Congress wish to turn a deaf ear to the appeal of the Greek Government)。ギリシャは豊かな国家ではありません。（Harry S. Truman. "Address of the President to Congress, Recommending Assistance to Greece and Turkey, 12 March 1947"）

この声明は、トルーマン・ドクトリンの翌年に雑誌掲載された先の補聴器広告「難聴に困っていますか?」と同じ問いを投げかけている。「難聴に困っていますか?」という一節は、トルーマン・ドクトリンにおける「アメリカ国家はギリシャ政府の要請に耳を傾けなければならない」という修辞をパラフレーズしたかのようだ。両者は共に、聴覚能力が欠損する事態に対して、不安を表明している。

たしかに「耳を貸さない（turn a deaf ear)」という語句は、トルーマン政権以前から使われていた。『オクスフォード英語辞典』によれば、"turn a deaf ear"が一般的に成句化するのは一九世紀末から二〇世紀初頭であり、この時点で国家身体の描写にこの語句が用いられた例は見当たらない。用例の不在は、ある意味で、二〇世紀前半におけるアメリカの孤立主義を物語るものともいえよう。トルーマン大統領は、第二次世界大戦直後のアメリカが克服すべき病として「難聴」を位置づけ、この病の克服こそ、ヨーロッパ、アジア、中東からの要請に正確に応じていくうえで、避けて通ることのできないアメリカの責務であると重く受け止めている。

トルーマン大統領の医学的修辞に、より強烈な反共主義を接木したのが、ＦＢＩ長官ジョン・エドガー・フーヴァーによる講演「アメリカを健康に保とう」（一九五〇年）である。「国家の生命は、多くの点で、個人の生命と似ている」で始まる演説で、彼は共産主義イデオロギーを「病」として捉え、アメリカ全体が「健康」であるためには、ＦＢＩと医学者と国民それぞれが「病を脱する」ように心がける必要があると訴え、こう結論づける。

健康な国家は、健康な身体同様に、身体の各部位から惜しみない協力を受け取らなければなりません。ひとつの部位が機能しなくなると、組織全体が弱まります。アメリカは、この重大な時において、強く健康でなければなりません。これは個々人、すべての人間の任務です。（1095）

こうした認識が生まれた歴史的背景には、大戦直後の世界認識のあり方が横たわっている。政治文化史家ジョン・フォーセクによれば、戦後の世界情勢は頻繁に「戦争でボロボロになった世界（war-torn world）」という医療的修辞によって語られ、またそうした世界をイメージ化する夥しいイコノグラフィが大衆文化からジャーナリズムまで広く登場していた。ナチズムとファシズムによる攻撃で荒廃したヨーロッパ諸国が、「リハビリ（rehabilitation）」と「回復・復興（recovery）」を行わない限り、共産化する恐れがあるという医療用語にもとづいた認識は、戦後を捉えるひとつの大きな枠組みでもあった。このなかにあって、アメリカの冷戦戦士たちは、荒廃した戦後世界の「医者」の役目は、孤立主義を脱して国際社会で主導権を握っていくアメリカが担うのだというパターナリズムを共有し合っていた（63-73）。

病める戦後世界からの脱却とは、このパターナリズムを根幹において支えるために、アメリカが抱えた課題であった。ギリシャやトルコの要求に耳を傾け（hear）、経済援助（aid）を行うというトルーマン・ドクトリンが押し出した論理は、西側諸国へのより大規模な戦後経済復興支援（recovery program）を謳った超党派的なマーシャル・プランへと即座に結実していく。歴史家ジョン・ルイス・ギャディスも論じたように、一三〇億ドルにも及ぶこの経済復興支援政策は、「誰も公然と反対できない利益に訴えるもの」（Gaddis, *Surprise* 60）であるだけに、他国への強制ではなく、他国との合意によってアメリカの覇権を形成する契機となった。

戦後に立ち上るこの枠組みのなかで、国家身体において補聴器が担う役割は、ひとつの確固たる位置を占めていくようになる。マッカーシズム最盛期の一九五三年には文字どおり、「アメリカは補聴器が必要か?」と題する冷戦外交論が記された。著者であるアメリカ人類学協会会長兼シカゴ大学教授のロバート・レッドフィールドは、ケナンとトルーマンさらにはマーシャル・プランに至るまでの政策路線を踏襲しながら、「アメリカには補聴器が必要である」と訴える。彼は、「ソビエト以外」のと断り書きを入れながら、「われわれが唯一必要な補聴器とは、訓練された感受性である。それによって他国の国民が述べる物事のなかに、国民性や雰囲気や人間の本質全体に貢献するものを認識できるのだ」と論じ、以下のように続ける。

政治的に優位になろうとして憎悪に駆られると、こんにちのロシアのように暴力に邪悪にも依存する方向へと向かってしまう。国内でも国外でも、話して聴く、理性でもって話して理性的に聴くことで、われわれは強くなり、ソ連よりも強力になれるのだ。これにより自由な精神の共同体、つまり「対話の文明(the civilization of the dialogue)」を作り上げることになるだろう。(45)

トルーマン・ドクトリンにおいてアメリカの責務を語る際に用いられた「難聴」は、五〇年代初頭までには、補綴技術によって治癒可能な国家身体の病として位置づけられていった。もちろん私はここで国民と国家の埋めがたい距離や差異を、無理に捨象しようとしているのではない。しかし、少なくとも「諸個人の会話あるいは国家間の会話」を行う際に「必要とされる基盤」は同じであると述べるレッドフィールドの思考回路のなかでは、国民の身体と国家身体の差異はほぼないに等しい。

実際、レッドフィールドの見解は、「静かな一九五〇年代」を特徴づけるイデオロギーであった。五〇年代の時代区分として「静かな世代」という語を一躍広めることとなった劇作家ソーントン・ワイルダーの論説「静かな世代」（"The Silent Generation"）が、『ハーパーズ』誌に掲載されたのは、レッドフィールドと同じ五三年である。ワイルダーはここで、「静かな世代」とは他国との差異よりも、他国との共通点を見つけようとする、「初めての本当に国際的な」世代である定義している。彼は、「この世代は、兄弟たちを罰して崩壊するために前に進むのではなく、抑圧され誤って導かれた兄弟たちを解放するために前に進んでいるのだ」と分析しながら、「復員兵援護法」と「フルブライト法」によって出現した海外留学生たちをその実例として称えている（34-36）。こうした状況下で、五五年にドワイト・アイゼンハワー大統領は一般市民に向けて、「何百万人もの個々のアメリカ人が、海外で人と人のコミュニケーション（person-to-person communication）を行う」（Klein 50-51）ことで、アメリカの素晴らしさが世界に広まるとする、ソフトパワー外交論を高々と披露していくこととなる。

五〇年代前半までに、聴覚に補綴器具を装着した男性は、第二次世界大戦の記憶や戦争の悲惨さという歴史とは結びつけられなくなる。これと並行するように、補綴化された国家身体が、荒廃した戦後世界の場景を喚起させることもなくなる。自由主義諸国との対話能力を、共産主義への対抗的イデオロギーとして標榜する際、補聴器は、アメリカの外交力の「弱さ」ではなく「強さ」を指示するようになったのである。

3. 難聴者としての火星人

ここまで本章は、第二次世界大戦直後の帰還兵の身体と国家身体が、難聴からの脱却という主題を共有していたことを論じてきた。本節ではそのような思考が同時代の大衆文化領域にも循環していたことを確認していきたい。議論の主軸に据えるのはバイロン・ハスキン監督のSF映画『宇宙戦争』(*The War of the Worlds*, 一九五三年)である。火星人が地球に侵略してくるパニックを描いた本映画は、一八九八年にイギリス作家H・G・ウェルズが出版した小説をもととしている。しかし、文化史家M・キース・ブーカーが論じたように、五三年版『宇宙戦争』は、一九五〇年代のアメリカの状況に適応するために「アメリカナイズ」されたヴァージョンとして捉える必要がある。なぜなら映画版では、第二次世界大戦後に再強化された異性愛主義が、男性科学者と女性の恋愛として書き加えられ、核爆弾や空軍といった冷戦のミリタリー・コードが参照され、さらに無神論国家に対する「神の国アメリカ」という宗教コードが称揚されるという大団円まで用意されているからだ(122-25)。

改変はこれだけに留まらない。原作との違いに目を向けた場合、補聴器が映画テクストに書き加えられ、「火星人=難聴者」と図式化されている点は注目にあたいする。物語冒頭、三人の男性アメリカ人が不時着したばかりの火星人に白旗をあげながら接触を試み、「カリフォルニアへようこそ」「僕たちは友達だ」と連呼しながら近づいていく。そのとき、一人が英語は通じないのではないかと推測し、「手話で会話しよう("We'll talk in sign language")」と提案する。しかし、友好的対話を拒まれた三人は火星人の放つ光線によってあっけなく殺戮される。その直後、カメラは、カリフォルニア郊外で、保安官、科学者、牧師、老若男女らがダンス・パーティーに興じている様子を映し出す。するとこの会場は突然停電し、電話も遮断され、非常事態に陥っていく。この一連のシークエンスでカメラは一瞬、パーティー会場の老人男性を捉える。するとこの男性は唐突に、「補聴器の調子がおかしい（"Something's wrong with my hearing aid"）」と異変を口にするのである。映画『宇宙戦争』は、冒頭で、意思疎通が困難な難聴者として火星人を位置づけるとともに、この火星人が、アメリカ人の聴覚までをも奪おうとしてくる恐怖を、原作に付け加える形で描いているのである。

この図式を作ったうえで、本映画は、アメリカ人が他者である異星人に勝つためには、聴覚の健全化がいかに不可欠であるかを訴えかけていくこととなる。映画終盤、火星人の乗る円盤が大群でアメリカに襲来し始めると、都市一帯に空襲サイレンが響き渡る。この音を鋭敏に聞き取った住民たちは、ただちに避難行動を開始し、シェルターへと隠れていく。その際、主人公の科学者フォレスタル一同は、最後の砦となった教会に逃げ込んでいく。そして、彼らは信心深く神へ祈りを捧げていく。すると奇跡的に祈りが通じ、核攻撃をもってしてもびくともしなかった無敵の火星人たちは、突如として侵略を停止し、死に絶えていく。このフィナーレは、もちろん「神の国アメリカ」の偉大さを顕示する感動的な瞬間であるが、同時にアメリカ人が迅速にサイレンに反応し、教会に避難できた成果であるともいえる。

このようにサイレンの音を的確に聞き取ることができる能力は、アメリカが冷戦を勝ち抜くため身につけなければいけないものとして、本映画以外の場でも広報されていた。第一章で論じた連邦民間防衛局制作の『ダック・アンド・カヴァー』（一九五一年）は、サイレンを聞いた途端に避難行動をとれば、核弾頭による被害を最小限に食い止めることができることを啓蒙するプロパガンダであった。また、同局が出版したマニュアル本『家庭防衛訓練』（*Home Protection Exercise*, 一九五六年）には、避難訓練の手順を記した表が掲載されており、その際一番初めにやるべき行動は、「サイレンが鳴ったときどうするか」を家族全員で打ち合わせておくというものであった（30）。この要請は、政府の刊行物だけでなく、同時代の主流ジャーナリズムのなかにも見て取ることができる。たとえば『宇宙戦争』公開と同年の『ニューヨーク・タイムズ』紙は、国民が一人たりともサイレンを聞き逃さないためには、聴覚に不安のある人は補聴器を着用すべきであると力説している（"'Outmoded' Fears Slow Aid to Deaf" 19）。都市部を中心に警報サイレンが大規模に配備されていく核の時代にあって、サイレンの大音響を聞き逃す聴覚欠損者とは、それ自体、アメリカ政府が主導する民間防衛政策の不完全さをあらわにする存在であった。

そのため本作が公開された前後のアメリカでは、様々な分野から補聴器をめぐるテキストが刊行され、聴覚の補綴化が国民に推奨されていった。ジョージ・W・フランケル『さあ聴こう！――難聴医師の告白』（一九五二年）、マンドル・マシュー『補聴器――使用法・手入れ・修繕』（一九五三年）、W・リチャード・マイルズ『良い聴覚のための四つのステップ』（一九五四年）はその代表例だ。[3] さらに、核攻撃が直接的に描かれることはないものの、アルフレッド・ヒッチコック監督『裏窓』（*Rear Window*, 一九五四年）、ビリー・ワイルダー監督『お熱いのがお好き』（*Some Like It Hot*, 一九五九年）、レイモンド・チャンドラーのハードボイルド小説『プレイバック』（*Playback*, 一九五八年）といった一九五〇年代の大衆文学・文化においても、補聴器はやや必然性を欠いた細部として登場し、戦後アメリカの日常生活に溶け込んでいくようになる。映画『宇宙戦争』は、まさにこのような脈絡のなかで公開され、健全な聴覚をもったアメリカ人が、耳の遠い火星人から勝利を勝ち取っていくプロセスを描いていったのである。こうして一九五〇年代のアメリカ大衆文化もまた、難聴の克服を戦後アメリカの課題として位置づけることに貢献していったのである。

外敵の侵入により聴覚機能が奪われてしまうのではないかという危機感は、マッカーシズムに代表される赤狩り公聴会にも見て取ることができる。ここで公聴会という政治的劇場を取り上げるのは、ひとえにジョン・デミリオが述べるように、公聴会が共産主義者だけを狩る場だけでなく、五〇年代の制度的イデオロギーから逸脱すると考えられた同性愛者もまた狩られる場であったからだ（229-40）。体制的ジェンダー・イデオロギーが醸成され再生産される公聴会では、聴き方をめぐっていかなる文化抗争が巻き起こっていたのだろうか。

4．両耳と公聴会

対話をめぐる男性たちの齟齬や葛藤は、バーナード・バルークが講演を行なった一九四七年の公聴会のダイアローグにすでに見ることができる。ハリウッド・テンに名前を連ねる脚本家ジョン・ハワード・ローソンは、議会での証言の場において、「あなたは共産党のメンバーですか？」との非米活動委員会からの直截な問いに、正面からの対話を拒む。ローソンは、一方的に誘導尋問を行うチェアマンを無視し、「それはヒトラー・ドイツのやり方だ」と反論し、全体主義国家という概念を持ち出す。そして、アメリカの「基本原則」である修正第一条をもとに言論・信教の自由を援用することで、自らをアメリカ人であると規定する。かたやチェアマンは、ローソンに対して「それは私が質問したことではない」と反論をし、円滑な質疑応答を模索する。ローソンは作為的に聞こえないフリを演じることで尋問を回避しつつ、合衆国憲法修正第一条によって「アメリカ市民」としての立場を固めるナショナリスティックなパフォーマンスを取り続ける（Fried 39-43）。

「誘導尋問に答える気はない」と発言するローソンと、「委員会の質問に答えたことにはならない」と発言するチェアマンとのやり取りは、一見するとすれ違っているかのように見える。しかし、彼らは、先のレッドフィールドの論説と同様、アメリカが「対話の国家」だというコンセンサスは共有している。公聴会においてイデオロギーの差異と同時に重要だったのは、「対話」が戦後アメリカの光景として、ハリウッド・テンからマッカーシズムに至るまで反復され、テレビ放映され続けたことである。

この意味で、一九五四年四月二九日にテレビ中継された公聴会において、ジョセフ・マッカーシー上院議員と陸軍顧問弁護士ジョセフ・ウェルチが交わしたやり取りは、極めて象徴的なダイアローグを含んでいる。

マッカーシー上院議員：私は聞いていますよ。片耳で聞けますよ（I can listen with one ear）。
ウェルチ氏：今回ばかりは両耳で聞いて欲しいです（This time I want you to listen to with both）。
マッカーシー上院議員：はい。（Fried 186）

【図2】マイクを覆いながらマッカーシー上院議員に囁きかけるコーン弁護士。

この公聴会でウェルチ弁護士が用いた「あなたは節度のかけらもないのですか？」という問いかけは、マッカーシズムの終焉を物語る殺し文句として国内で賛同を得る。マッカーシー議員と彼の顧問弁護士ロイ・コーンとのホモ・エロティックな関係性を論じたアンドレア・フリードマンによれば、同性愛者を召還し続けたマッカーシー議員が、他ならぬ同性愛者であったというゴシップ・スキャンダルに見舞われるのは丁度この頃である。公聴会でロイ・コーンがマッカーシー議員の一方の耳に何かを囁いている写真が大々的に報じられ、マッカーシーはコーンの助言を一方的に聴き取るだけの「受信機」でしかない、さらには二人の男の間には親密な関係性が存在しているとメディアの論調が揃う【図2】。そして、このウェルチ弁護士こそ、テレビ中継中にマッカーシー議員に直接、同性愛疑惑を問い質し、視聴者から賛辞を受けた張本人であった（Friedman 1105-29）。この文脈にあって、ウェルチ弁護士は、両耳の聴取と片耳の聴取を徹底的に差異化することで、マッカーシー議員の「節度のかけらもない」散漫で受動的な聴き方を槍玉にあげたのである。赤狩り公聴会での対話のなかでは、同性愛というセクシュアリティをめぐる問題は、男らしさというジェンダー的な問題にも接合していた[4]。

公聴会において取沙汰されたこのような聴覚をめぐる攻防を、きわめて凄惨な形で映像化したのが一九五五年公開のフィルム・ノワール『ビッグ・コンボ』（*The Big Combo*）である。本映画は、主人公のダイアモンド刑事がギャング集団の頭ブラウンの愛人アリシアを、協力的証人として扱い、犯罪地下組織の秘密を暴こうとする捜査活動を描いたものである。アメリカの国家治安を脅かす組織的な力が、日常生活に侵入してくる恐怖を描いた映画といえよう。

【図３】補聴器を使った聴覚拷問シーン。映画『ビッグ・コンボ』より。

物語半ば、ダイアモンド刑事は、ギャングらを不法逮捕し続けたために、暗い倉庫に閉じ込められ暴力を受ける。この場面で、刑事は補聴器を強制的に右耳に着用させられ、ラジオから流れるジャズの「クレイジーなドラム」を大音量で聴き続けさせられ、鼓膜を損傷する。その際ブラウンは、さながら公聴会の一場面のように、補綴器具を強制装着させられたダイアモンド刑事の耳に向かって、「聞こえるか？　質問に答えたら解放する。何を探っている。協力しようか。アリシアの何を知っている？　私の仲間たちを一斉に不法逮捕。その裏は？」と大声で詰問する【図3】。

ここで繰り広げられるやりとりは、当時の公聴会において展開していた聴取技法をめぐる議論と重なり合う。「目に見える傷を与える必要はない」と口にするブラウンの言明は、聴覚を奪えばアメリカという国家身体が致命傷を受けてしまうという政治的コードが共有されているからこそ、恐怖を帯びる。片耳を損傷すれば、マッカーシー議員と同じように、同性愛者と見なされるかもしれない。共産主義的な組織集団はいつ何時、国内に侵入してきて、次々と国民の聴覚機能を奪っていくかわからない。共産化の脅威とは、この公聴会を模したワン・シーンで、補綴器具を暴力的に転用するブラウンの行動に凝縮されている。赤狩り公聴会とは、証言内容だけでなく、文字どおり聴き方をめぐってイデオロギーが抗争した、冷戦の代理空間であった。

5. 戦後から冷戦へ

本章の冒頭でも触れたように、聴覚を情報通信機械に喩えることで、人間と補綴器具を統合しようとする研究に先鞭をつけたのは、ハーヴァード大学の音響学者たちであった。スタンレー・スミス・スティーヴンス、さらにジョージ・アーミテージ・ミラー、ジョセフ・カール・ロブネット・リックライダーといった、のちのコンピューター開発史において名を刻むこととなるサイバネティシャンは、ハーヴァード大学で補聴器やヘッドフォンの開発を進めながら、「〈聞く〉という〈仕事〉は正確な解読（decoding）である」（Edwards 205）として、耳の機能を情報の入出力を忠実に行う機械のアナロジーで定義していった。この補綴技術の歴史を端緒として、冷戦初期のテクストを読み直すことから始まった本章は、帰還兵、国際主義に牽引される外交舞台、民間防衛政策やマッカーシズムの舞台に表れてきた国民、さらに戦後アメリカ文学・文化の担い手たちが、欠損した聴覚をいち早く情報受信装置に変化させれば、共産主義に勝利することができるという音響学的思考を共有していたことを浮かび上がらせてきた。

身体観の変容と相前後して、ハーヴァード大学の音響学者が生み出した知は、直接的に冷戦軍備政策へと用いられていくようになる。一九五四年、共産圏の保持する核弾頭に対処するため、コンピューターとレーダーによってアメリカを防空しようとする一大プロジェクトＳＡＧＥ（Semi Automatic Ground Environment）が誕生する。ノイズと情報が聴覚器官においてどのように選別されるのかを研究する音響学者は、襲来する敵機・核弾頭をいち早くレーダーで正確に補足して迎撃する防空システムの開発に必要な人材であったからだ。こうして五〇年代半ばまでに、元祖ＳＤＩとも言うべき、全米をレーダー網で覆う防空構想が、音響学に依拠しつつ立ち上がっていくこととなる。

このように戦後と冷戦という歴史の狭間では、聴覚の補綴化が多様な形をとって実行されていた。音響学とは、荒廃した戦後を治癒し、工学化した冷戦を立ち上げていくために、無くてはならない学知だったのである。

第三章

対抗するサウンドスケープ

――『路上』における音響ネットワークの生成――

一九五七年に出版されたジャック・ケルアックのロード・ノヴェル『路上』が、もっぱら六〇年代対抗文化の先駆けとして位置づけられてきたのはなぜか。この理由を吟味する批評家のひとりオマル・スウォーツ（Omar Swartz）は、この小説で描かれる周縁的な人種やセクシュアリティーへの認識が、五〇年代の白人的規範と交渉しながら逸脱し、六〇年代的な多元主義的ヴィジョンの先駆けになっていたと文化政治学的に論じてきた。また、テクストで表明される白人主人公サル・パラダイス（Sal Paradise）の「ホワイト・ニグロ」への人種越境願望や、ポストコロニアル研究を足がかりとしてテクストのメキシコ表象を地政学的に読解する、昨今の政治的批評もその延長線上に定位するものと考えることができる。

こうした政治的読解のなかでしばしば見過ごされてきたのは、『路上』が視覚よりも聴覚に訴えるテクストであるという特徴である。一九五八年にはすでに、ウォレン・トールマン（Warren Tallman）が「ケルアックの音」（"Kerouac's Sound"）というタイトルで、『路上』の文体が音響的な訴えかけをもっていると指摘している。近年においても、文化批評家ダニエル・ベルグラド（Daniel Belgrad）は戦後アメリカ文化を論じるなかで、ケルアックのテクストを「サウンド・テクスト」と位置づけて、即興ジャズが文体に影響を与えたと指摘している。ケルアックも「耳にしたサウンドの区切り」でコンマ等を打ち、統語法は無視していると小説技法論「即興散文の重要事項」（"Essentials of Spontaneous Prose"）で宣言してきたため、この議論の有効性は長らく保たれてきた（Charters 57）。

『路上』における音声・聴覚の重視は、このようなもっぱら印象のみに依存する文体論にとどめておくべきではなく、むしろ政治的な文脈から読解していかなければならない。本書第二章において私たちは、不可視の音が、冷戦初期の高等教育において科学研究の対象となり、そこで生み出された音響学的知がアメリカ国民の身体を規律化していく政治的な役割を担っていたことを確認してきた。「サウンド・テクスト」とも呼ばれる『路上』は、戦後におけるこうした音響領域の制度化の流れと、相互交渉するなかで生成されていった文学テクストだったのではないだろうか。本章が試みるのは、サル・パラダイスの聴覚がいかに音をめぐって複層的に描かれているかを、同時代における音響学の隆盛を念頭に入れながら分析していくことで、『路上』におけるサウンドスケープに、対抗文化へと連なるダイナミズムを見出していくことである。

1．音響防備都市

一九五七年に刊行された『路上』は、一九四七年から五〇年までを時代設定としている。そしてさらに、ニューヨークの大学に通うサル・パラダイスが、復員兵援護法の給付金を原資にして大学を飛び出し、盟友ディーン・モリアーティ（Dean Moriarty）の住むデンヴァーに向かっていく日付は、やや意外なことに、物語のはじめに一九四七年七月と正確に記されている(9)。文学史的記述を飛び越えてアメリカ政治史に目をやれば、一九四七年七月とは、サルが旅立った日ではなく、冷戦構造が確立した年として記録を留める。この年月に、トルーマン大統領は国家安全保障法を制定し、ＣＩＡと空軍を誕生させ国防意識を高めていった。また駐在ソビエト大使ジョージ・ケナンは、ソ連への「封じ込め政策」を決定づけるいわゆる「Ｘ論文」を『フォーリン・アフェアーズ』誌に一挙掲載した。大学生サルは、アメリカがソ連との冷戦を宣言したまさにそのときに、家庭と大学が位置するニューヨークを飛び出している。

『路上』は、冷戦の形成期と同時代的な時間を共有していただけでなく、明確に冷戦の防衛政策やミリタリズムを意識している。ワシントンを通過中、一九四九年のトルーマン大統領二期目の就任式に立ち会ったサ

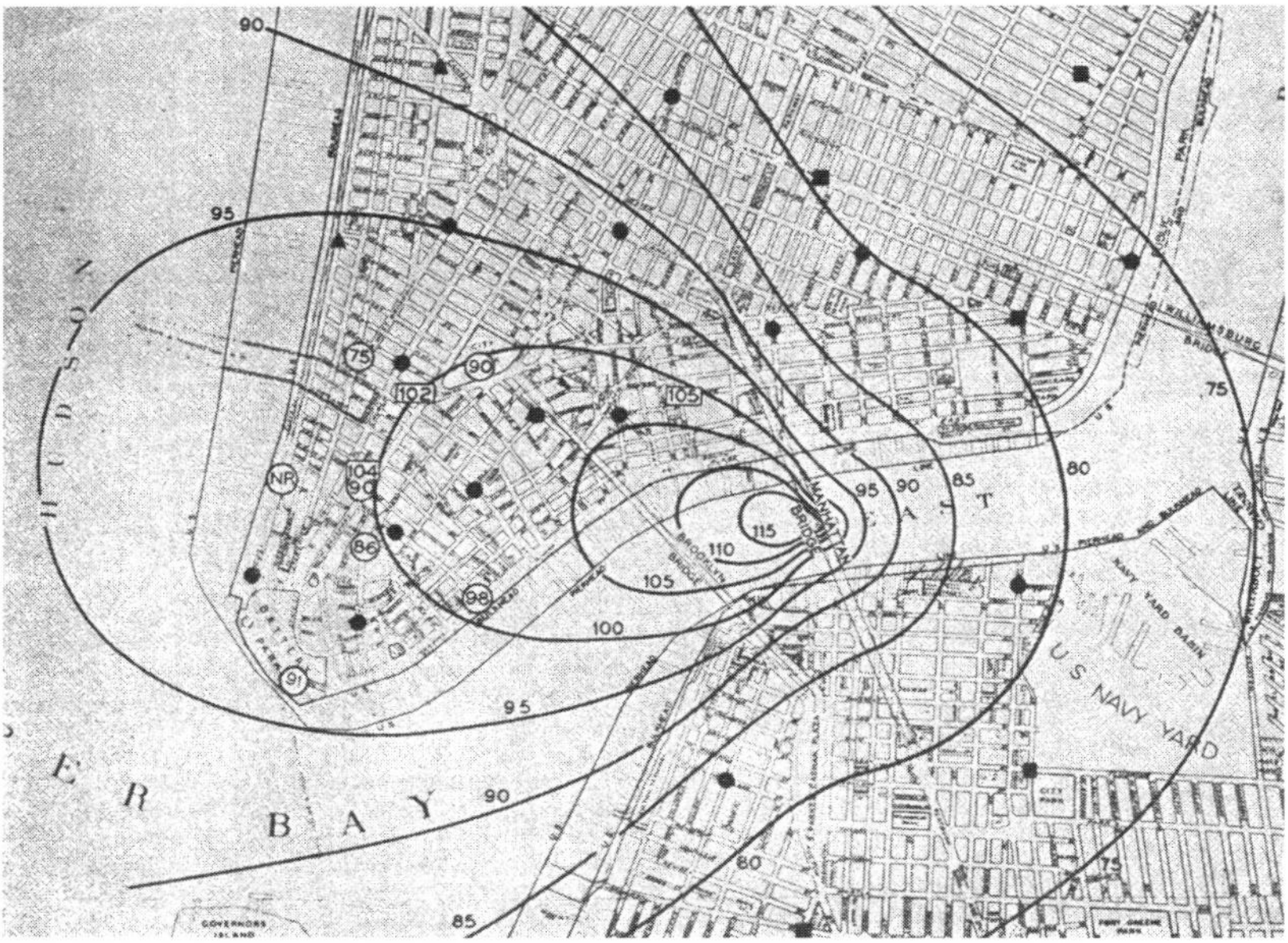

【図1】R・クラーク・ジョーンズ「50馬力のサイレン」
『アメリカ音響協会誌』18巻2号、1946年。

ルとディーンは、第二次世界大戦から朝鮮戦争までアメリカ軍の主力爆撃機となったB二九などの「殺人的な」軍事テクノロジーを見てトルーマンを嘲笑し冷やかす（135-36）。また物語終盤に差しかかる場面では、メキシコを訪れたサルとディーンが、橋や道路を破壊し、瓦礫の藻屑にしてしまう原子爆弾あるいは、それ相当の破壊力を有したテクノロジーを想像し、アメリカの冷戦軍備政策を間接的に批判している（298）。

　こうした軍備政策のなかで、音響・聴覚の観点から注目に値するのが民間防衛（civil defense）である。民間防衛は、サルが居住し通学していた都市空間を一元的に管理しようとするものであった。この政策の実質的な萌芽は真珠湾攻撃直後の四二年にさかのぼる。軍部とベル電話会社の共同研究のもとマンハッタン橋で実施された大規模な実験では、同心円状に機械的なサイレン音が拡散することが確かめられ、その成果は終戦直後に音響工学の専門誌『アメリカ音響協会誌』（*The Journal of Acoustical Society of America*）に公開されていく【図1】。この専門的な実験結果は民間にもたちまち流布する。五二年にクライスラー社（Chrysler）は、「一七三デジベルの音を生み出し、時速四〇〇マイルで伝わる」空襲サイレンは、「普通のコンディションなら三マイル離れても聴こえ」るため、核攻撃の危機に晒されたアメリカの都市住民は大音響で防衛可能であると、広告を使って高らかに謳った（14）。機械によって増幅された大音量を都市一円に鳴り響かせれば、ケルアックが住んでいたニューヨークを中心とした爆心地ですら、人的被害は最小限に食い止めることが可能である。こうした対核戦争シナリオは、音響学的な知が軍事技術に転用されていくなかで、信憑性を帯びるようになっていった。

アメリカ政府が推し進めようとした音響による国防構想は、冷戦初期に徐々にそのスケールを拡大していく。民間防衛の特性とは、短編映画『ダック・アンド・カヴァー』（一九五一年）に描かれるように、軍部が民間を護衛するだけでなく、全市民こそが国防ネットワークの一部をなす点にある。全米には八〇万人近い市民による防空監視団と、一万六千個もの観察所が設置され、七三のフィルター・センターができていた。敵機や弾頭を上空に発見したアメリカ国民は、電話を通じて地元の電話局に状況を報告する。その連絡はフィルター・センターで情報の精度を確認されたあと、空軍に受け渡され、軍事的な対応が決断されていく。もちろん空軍も自前のレーダーで戦闘機を発見するためのレーダー網を、アラスカ一帯の一万キロメートルにわたって、六〇基以上配備していた。民間防衛とは、有志の市民と電話局とレーダーと軍部をそれぞれ強固な線分で結びつけ、各家庭、各地域、各州を覆う巨大な国防ネットワークを形成していく国家プロジェクトであった（Farish 189）。こうしたメガロマニアックな発想にもとづいた民間防衛政策の一員となったアメリカ国民は、聴覚をサイレンというひとつの音に傾倒するよう規律訓練されていった。

2. 聴覚の想像力

一方で、一九四七年七月にニューヨークを旅立つことから始まる『路上』にも、不可視の音が違った形で張りめぐらされている。ニューヨークという都市空間を自動車で疾走する際、「ラジオもいまはすっかり直って、ワイルドなバップが僕らを夜のなかへ駆り立てていた。いったいこの先どうなるのか、さっぱりわからなかったが、気にはしていなかった」(124)と、ディーンにとって都市空間を移動することは、ローカルなラジオ局にチューニングしていく行為と、同一のものとして捉えられている。ディーンの都市空間認識は、空襲警報サイレンが描く都市のサウンドスケープに沿ったものではなく、音響メディアを基点に形成されていく。サルもまた、ディーンのメンタリティに身を任せ西へ南へと飛び出していく。サルとディーンが移動によって次々と発見していく、不可視のラジオ電波で作られるネットワークは、サイレンのように同心円に広がるものではなく、多方向的に錯綜し混線している。

音のネットワークは西部全体をも包み込む。ディーンは、自動車走行中にテキサス州クリントのラジオ局にダイアルを合わせて、「このラジオ電波は西部一体に飛ばされている」(161)と見抜いている。「鑑別所でも刑務所でもラジオを聞かされていた」ディーンは、じつは西部の田舎の青年たちとも空間を越えて同じラジオ番組を聴いていたと述懐する。さらにディーンは、「ラジオ局のアンテナが放つ凄まじいビームこそが、アメリカの全土をまとめあげている」(162)とまで喝破する。ディーンはアメリカが、音声メディアのネットワークで結ばれている面を、サルと出会う前から体験していた知性の持ち主として造型されている。音響メディアに熟知しているとも言いうるディーンと出会うことで、サル・パラダイスの物語は進行していくのだ。

こうした邂逅を起点にして、サルは、書物に記される単線的な時空間で構成されるアメリカに代わって、複雑な音のネットワークが張りめぐらされたアメリカを発見することになる。ビート派たちの生きた戦後社会を特徴づけるのは、ウォルター・オング（Walter Ong）の区分を使えば、「文字の文化（literacy）」と「声の文化（orality）」とのあいだの葛藤であり、主人公サル・パラダイスはそのような時代性を象徴するメディア的な混成主体である。全編五つのパートで構成される『路上』は、ひとつひとつのパートが旅の始まりと終わりによって明確に区分されている。一般にロード・ノヴェルとしての特徴が強調されるあまりしばしば見過ごされることは、各パートの冒頭と結末には、サル・パラダイスが自ら小説を書く場面が挿入されているという点である。サルは小説執筆を中断し、ニューヨークを旅立ってディーンと出会い、西部やメキシコへと移動する。そして、帰宅すると机の上の原稿に目がとまる。サルは複数のメディアを往復する主体である。

しかし大学生サルは、ディーンとの移動を通じて、しだいに文字から声へと、自らの認識体系を移行させていく。西部開拓の地図・歴史書を読んでから旅に出たサルは、さっそく西部に向かい損ね（10）、その後は西部開拓史のルートを大きく逸脱する多方向的な想像力を発揮するようになる。

この時期、一九四七年、バップがアメリカ中で荒れ狂っていた。ループの連中も吹いてはいたが、どこかダレたかんじがあったのは当時、バップがチャーリー・パーカーの「オーニソロジー」の時代とマイルス・デイヴィスに始まる新時代の中間で足踏みしていたからだ。バップが生みだす夜のサウンドに耳を澄まして座っていると、この国のいたるところに友人たちがいて、みんなおなじようなだだっぴろい裏庭でいろいろ必死にがむしゃらにやっているのが感じられた。そしてつぎの日の午後、生まれて初めていよいよ西部へ向かった。（12）

サルは、政治経済的には冷戦の開始を告げるはずの「一九四七年」を、「バップがアメリカ中で荒れ狂っていた」年だと文化的に定義し直している。続けて彼は、「バップが生みだす夜のサウンド」を聴き入った瞬間に、「国のいたるところに友人たちがいて、みんなおなじようなだだっぴろい裏庭でいろいろ必死にがむしゃらにやっている」のだと思い描くようになる。サルは、アメリカに点在する友人たちを、聴覚的な想像力によって繋ぐ。この脱領域的な想像力は、『路上』の地理的移動行程を「ルート六六」に沿ってたどりながら、地図上に視覚化していこうとする定番の試みだけでは到底捉えることができないものである。サルは、生成されては、一夜にして消失してしまうような音のネットワークが描き出す、複雑な認知地図を見つけ出そうとしているからだ。

聴覚認識が視覚認識に先立つ点では、空襲警報サイレンが形成した認識と似ているが、『路上』はその構造に立脚しながらも、音楽あるいは音響メディアを媒介にして、ビート派たちを繋ごうとする。西部開拓という物語フォーマットに準拠しているように思えるサルは、もう一方で、移動の先々において、ローカルなラジオ局の電波を受信したり、「夜のサウンド」などを傾聴したりすることで、領域に縛られない、ゆるやかなネットワークを即興的に想像し、そこに代替的なアメリカを発見しようとするのである。サルやディーンが捉えようとしたのは、アメリカ国民を規律するために動員され配備された、民間防衛に代表されるような音響ネットワークとは異なるものである。彼らが想像するのは、動き続けることによって生成され、幻聴されては消えていくような、つねに作動し、その形が変化し続ける、管理不能な聴覚ネットワークである。

3．移動する大音響空間

アメリカ全土を駆けめぐるサル・パラダイスの移動は、たんに音を聴取していく旅程だけだったわけではない。彼やディーン・モリアーティは、聞く主体になると同時に、みずから音を鳴らしサウンドスケープを形成する主体にもなる。物語の前半、第一部では、西海岸の海岸警備隊で労働するサル・パラダイスが野営地で夜のパトロールを行うシーンがある。サルは、騒々しい「ノイズ」を夜間に発していた若い兵士たちを叱責する立場にある。「法と秩序は守らなければならない」(67) ため「ノイズ」を排除せよとの上官の命令にサルは困惑し、大きな音を立てることが、空間的にも時間的にも大きく制約されてしまうという事態に直面する。冷戦期の国家治安をめぐるイデオロギーは、日常的サウンドスケープを明らかに統制し制限するのである。なぜ第二次世界大戦後のアメリカにおいて、ノイズは問題視されていたのだろうか。

『路上』におけるノイズや大音響への志向は、戦中・戦後における音響学の趨勢と密接に絡まり合っている。大戦中、潜水艦のソナー開発を契機に飛躍的に進化していった軍事音響技術は、大戦直後にテープ・レコーダー、LPレコード、FMラジオ、高性能スピーカーの開発に応用され、一般家庭に流通し始めた。それはまさにメディア史家フリードリヒ・キットラーが『グラモフォン・フィルム・タイプライター』で展開した議論――「娯楽産業とは言葉のあらゆる意味で軍用機器の濫用なのである」(上巻 238) ――を文字どおり体現するものであった。音の再現忠実性を表すハイ・フィデリティが「ハイファァイ」という略称として一般的に親しまれるようになったのは、サル・パラダイスが路上に出ている一九五〇年のことである。

こうした録音・再生装置は、家庭賛美のレトリックと結びつくことで普及していった。ソ連が水爆実験に成功した五三年に、『ニューヨーク・タイムズ』紙は一一ページにもわたるハイファァイ特集「レコード――

【図2】「レコード—1953年秋」『ニューヨーク・タイムズ』紙、1953年11月22日号。

一九五三年秋」（“Records: Fall 1953”）を組み、その冒頭に核家族がリビング・ルームでハイファイに興じるイラストを大々的に登場させた【図2】。特集記事は「もう数年で、大きく見積もれば、ハイ・フィデリティの装置が備わった新築の家は何百万という数になるだろう」（39）と予測し、静かな郊外住宅地とハイファイが共に戦後家族を支える物質的基盤となっていた様子を伝えている。また、音響専門誌『ハイ・フィデリティ』にも同様の主張が掲載されている。

> 家庭の四つの壁の外の世界は、おそらくもはや——完全とは言わないまでも——ほとんどかつてのように悪夢的な場所ではなくなっていますが、理想郷でないのもまたたしかです。そこはいまだに醜悪さと不安以上のものであふれていません。このことから、家庭は避難所として機能しなければなりませんし、避難所以上にならなければいけないのです。そこは、こう言ってよければ、翌日、翌週、翌月に向けて、魂が回復し、リフレッシュし、強くなっていく場所なのです。
> （“The Why and Wherefore” 51）

THE 'HI-FI' BANDWAGON

People who like music and 'bugs' who just like sound have started U.S. craze for high-fidelity home systems

By Herbert Brean

The stores are jammed

HERE IS A GLOSSARY OF HI-FI LANGUAGE

【図3】ハーバード・ブリーン「ハイファイ集団」『ライフ』誌、1953年6月15日号。

ハイファイは戦後核家族の消費文化に組み込まれると共に、全面核戦争の恐怖から逃避するための家庭娯楽機器としてアメリカに広まった。こうして戦中に開発が加速した軍事音響技術は、戦後の閑静な郊外住宅において、家族構成員をつなぎとめていくメディアとして見なされていった。

　しかし、実態は異なっていた。ハイファイ音響機器の受容者の大半は男性であったからだ。先の『ニューヨーク・タイムズ』紙と同年五三年に『ライフ』誌上で組まれた別のオーディオ特集「ハイファイ集団」は、男性が音響再生機器を手にすることで、行為遂行的にマスキュリニティを構築していく契機を獲得しようとしていたことを伝えている【図3】。この報道写真には、家族はおらず、多くのハイファイ装置に囲まれた五人の男性のみが掲載されている。特集記事を読み進めれば、郊外住宅のガレージとリビング・ルームの間に一一フィートもの長さのスピーカーを男手ひとつで組み立てているマッチョな身体をしたオーディオ・マニアの写真が登場する。写真のキャプションには「力強いハイファイ・ホーン（MIGHTY HI-FI HORN）」（Brean 162）とファリックな修辞が書き足されている。

ハイファイは文化実践の場において、家族のための娯楽文化としてではなく、男性文化として機能していたのである。五〇年代には『ハイ・フィデリティ』『オーディオクラフト』『ホーム・ミュージック』『ステレオ・レビュー』といった男性オーディオ・マニア向けの音響専門雑誌が相次いで刊行された。さらに都市部を中心に定期的に開催されたオーディオ展覧会の告知は、ほぼ毎月、専門誌から主流雑誌にいたるまで幅広く掲載され、各地に点在する男性オーディオ・マニアの連帯感を強めた。一九五五年に行われた読者アンケート調査によると、オーディオ雑誌の平均的読者層は、三九歳で二万ドルの価値がある家を所持し、自分で車を運転し、一年に一度は旅行をしてゴルフとテニスをし、妻と一三歳以下の子ども二人がいる、男性であった（"Questionnaire"）。

なぜ男性なのか。『ハイ・フィデリティ』誌が分析するように、戦場から帰還した「男性がこんにちの世界において自分ひとりで出来ることが何か必要である」ため、「スピーカーを組み立てることが想像力の才能を発揮する男の最良の機会」（Cost 43）となっていたからである。スティーヴン・M・ゲルバーが指摘するように、家庭空間において日曜大工をＤＩＹで行う作業が、一九世紀以降、男らしさを維持するための機能を果たしてきたならば、アンプや円盤や配線を組立て直すという、第二次世界大戦直後にブームとなったハイファイ文化の実践様式もまた、こうしたジェンダー化されたＤＩＹ文化のひとつとして見なすことができるだろう（66-112）。ハイファイに興じる男性は、戦場で使った経験のある音響技術を用いることで、戦後に失われかけた男らしさを再獲得しようとして、ガレージや自室で、音響機器の改造や工作に没頭していたのである。

そして、家庭内でのマスキュリニティを誇示する手段のひとつが大音響であった。一九四〇年代末から

【図4】家庭を乱す大音響（Buxbaum 51）。

五〇年代のハイファイ言説は音量への言及に満ちている。サル・パラダイスが旅に出ている一九四九年に出版された『サタデー・レヴュー・オブ・リテラチャー』誌には、「音楽を大音響で鳴らすこと」（"On Playing Music LOUD"）と題して、大音響を操作する男性と、それを悪夢に感じる女性の対比的なイラストが掲載されている【図4】。五〇年代後半になっても、たとえば『ニューズウィーク』誌は、「妻の大半は夫の場合にくらべてソフトな音量を欲しているのです。［中略］推測ですが女性は喋りたいし、話を聞いて欲しいのです」（Chappel 70）として、大音響をめぐる性差を強調している。戦場から帰り、商用化された音響機器を操作し、ノイズともとれる大音量で音楽を聴く男性たちは、家庭空間の秩序を乱す者として捉えられていく。

サル・パラダイスも、こうしたハイファイ・オーディオ・マニアの文化領域に接近している。しかし、サルはこれらの記事に登場する家庭空間内の男性たちとは異なり、大音量を生み出すことが可能なよりラディカルな場を、家庭／都市／キャンパス以外に求めていくことになる。その点で、『路上』の書き出しが何よりも妻との離婚で始まっているのは象徴的だ。彼は、体制的な価値観にもとづいて家庭空間に回収されかけた音響文化を、家庭の外に見出していこうとしているのである（1）。第二部冒頭、サルはビート派の仲間たちと集うと、さっそく室内で蓄音機をかけ、「途方もなく熱狂的な音量（fantastic frenzied volume）」（112）を出していく。サルは移動の先々で蓄音機、ジュークボックスをまわし、さらにジャズ・バーやクラシック・コンサート会場で多様なジャンルの音楽を大きな音で聴いていく。こうして新たに発見されていく、一夜限りの音響空間は、「法と秩序」をすり抜ける。

運転の最中でも、車内が大音響空間になっていた点は強調してもしすぎることはない。「僕たちは本当に何も怖がってはいない」(134)と宣言したあとに、不安感を補う形で、カーラジオのヴォリュームが最大限にあがり、「車が身震いしてしまう」(135)とまで彼は書き記している。ここで展開する、現代世界の不安を大音量で補うというレトリックは、核の不安を空襲警報サイレンで解消していく同時代の民間防衛のレトリックを変奏したものである。『路上』における移動とは、たんにアメリカの名跡を観光でめぐるものではなく、大音量を鳴らすことのできる空間を、徐々に発見していくプロセスであったといえる。

第四部に描かれるメキシコという空間は、一連の大音響空間を探索する試みのなかに定位し直すことができる。メキシコとは、たんにアメリカとの地政学的な関係性のみが問題なのではない。たしかにメキシコという周縁性に対してケルアックがエキゾチシズムを抱いていたことは、「魔術的国境線(the magic border)」(273)という語から明らかである。ただし、ここでも想起すべきは、メキシコへの移動の目的が、拡声装置を大音量で鳴らすことと、はっきり明言されている点である。サルはマンボ音楽を聴取している情景を以下のように熱狂的に記す。

バーのカウンターのなかに経営者がいて、その若い男は、僕らがマンボを聴きたいと言うとすぐさま飛び出していき、レコードを山のように抱えて戻ってきたが、ほとんどがペレス・プラードで、それを拡声装置にかけた。たちまちグレゴリアの町のどこからもサラ・デ・バイレ(ダンスホール)で楽しいことをやっているのが聞こえることになった。ホールのなかも音楽はさながら爆音で――ジュークボックスはこのように使うべきで、ジュークボックスはそもそもそういうものなのだ——そのすさまじさにディーンとスタンと僕はしばしすっかり粉々にされ、そういえば好きなだけでかくして音楽をかけたことがなく、これが自分たちの求める大きさだといきなり気づいたりした。音楽はどすんどすんと直撃してきた。［中略］こういうすごいナンバーが金色に輝く不思議な午後のなかに割れるように轟き、まるで世界の終末の日かキリストの再臨する日に鳴り響く音楽みたいだった。トランペットの音があまりに大きいので、はるか遠くの砂漠でも聞こえているのではないかと思ったが、もともとトランペットはそこで生まれたのだ。ドラムは発狂していた。（286）

引用部では、拡声装置から流れる「ペレス・プラード」のマンボ音楽が、黙示録的イメージに重ねあわされている。「世界の終末」から「キリストの再臨」を通じて、最終的に「砂漠」地帯に木霊する音は、『新約聖書』「黙示録」における「ラッパ」を転用して、拡声装置から流れる「トランペット」の音として語り直されている。

ここまで論じてきたように、核戦争が始まる際の合図は、同時代では空襲サイレンの音として語られ続けていた。空襲サイレンの大音響が鳴り響いたとき、世界の終末がやってくるとも言えよう。このように、音響領域が科学研究の対象となり、都市空間がサイレンの音によって包囲されていった時代に書かれた『路上』では、音とは自らが生み出すものであり、決して制度が強制するものとしては描かれていない。『路上』は、自らの大音響空間を発見していくプロセスを克明に書き留めている。

4. 対抗するサウンドスケープ

聴覚が前景化されている『路上』というテクストが生成される工程においても、音響テクノロジーは重要な役割を果たしていた。ケルアックは一九五〇年にビート派ニール・キャサディからテープ・レコーダーの購入を勧められ、翌年に『路上』の初稿を書き上げるとすぐに買いに行っている。半年後の一九五一年には、ニール・キャサディに宛てた手紙のなかで、「『路上』は本となって、何かを巻き起こすだろう。ゆっくりと、テープに朗読してみてくれ。私のほうはすでにニューマン・レコード店の奥の部屋でジャズ風に書いたこれをテープ録音した」(*Selected Letters* 326-27)と興奮気味に綴る。ケルアックはテープ・レコーダーを使用することで、『路上』というテクストが音声として響くかどうかを確認し、テクストそのものをレコードのような響きのあるメディアとして創作しようとした。『路上』の読者はテクストの音響を追体験し、空襲サイレンといった国家によって統制された規律的な音響ネットワークとは別種の、流動的で脱中心的なネットワークを想像するリスナーになる。

テクストで表明される大音響や集中的な聴取は、最終的に、空襲警報サイレンに代表される制度的なサウンドに代わって、もうひとつの「アメリカン・サウンド」を発見していくこととなる。シカゴのジャズ・バーに立ち寄ったサルは、「耳を象のように大きく広げて、アメリカン・サウンド」(242)を生み出していくジャズ奏者に畏れを感じる。さらに物語結末は、ディーンが物語冒頭から前景化していた聴覚能力へ、サルがいっそう憧れを抱き、聴取技法をいっそう磨いていこうと決意することで閉じられる(304)。冷戦アメリカでは、聴覚というひとつの器官をめぐって文化抗争が展開していたのであり、『路上』は制度によって封じ込められた耳を、開放していくよう呼びかけている。実際、『路上』刊行の二年後にケルアックは、創作理念を三〇ヵ条で列挙した「近代散文のための信条と技巧」（"Belief & Technique for Modern Prose"）の二番目で、「あらゆるものに耳を傾けて、純粋に聴け」と宣言する（Charters 59）。この宣言を先取りすると言ってよいサルは、音に耳を開くことで想像力を加速させ、冷戦初期のアメリカの地図に新たな音響ネットワークを上書きしていった。

『路上』というテクストに内在する以上のような論理は、これ以降のアメリカ文化に急速に波及していく。四〇年代半ばには全国的に広まりつつあり、テクストにも痕跡をとどめ始めているFMラジオ放送は、五〇年代半ばになるとディスク・ジョッキーを中心に若者の音響共同体を形成する。四九年には、ビート派もサンフランシスコでローカルFM放送局KPFAの開局にたずさわり、五五年にアレン・ギンズバーグの代表詩「吠える」（"Howl"）がラジオ放送に乗って初めて公共的に伝播された。そして、想像力によって繋がる音のネットワークは、やがて、「大音響」を鳴らしつつバスでアメリカ全土を移動したメリー・プランクスターズの対抗パフォーマンスや、国家による制御を無効化しようとした四〇万以上の若者が集った「ウッドストック・ネイション」のサウンドに連なりつつ、サウンドスケープとしての六〇年代対抗文化を開花させることとなるのである。『路上』は、冷戦初期に国家によって管理されつつあった音響学的知を、ロードという導線を通じて、対抗文化領域へと輸送していく文学テクストであった。

5．結節点としてのコロンビア大学

このように『路上』を同時代の学術的知の動向を見据えながら読み直していく作業は、ビート派による文

【図5】ビート派の代表的なポートレート。左からハル・チェイス、ジャック・ケルアック、アレン・ギンズバーグ、ウィリアム・バロウズ。1944年にコロンビア大学付近で撮影された。

化運動全体の意義を再考していくための重要な契機となるだろう。『路上』の主人公のみならず、ビート派作家たちもまた戦後の学術環境と結びついていたからである。ハーヴァード大学出身のウィリアム・バロウズを除いて、ジャック・ケルアック、アレン・ギンズバーグ、アラン・テンコ、ジョン・クレロン・ホームズ、ルシアン・カー、ローレンス・ファーリンゲティは皆コロンビア大学出身である【図5】。こうした彼らのエリート的な出自は、これまでビート派作家たちが根本的に抱え込んでしまった限界点として批判されることが多かった。しかし、この見方はあまりに一面的ではないだろうか。

六〇年代対抗文化の先駆けとなったビート派の運動は、彼らが大学にいたからこそ芽吹くことができたとも言えるはずである。彼らの結節点となったコロンビア大学は、ハーヴァード大学「ロシア研究センター」設立に二年先立つ、四六年に「ロシア研究所」を開設し、ソ連研究を戦後アメリカでいち早く推し進めた特異な位置にある。それだけでなく、一九五三年に大統領になる直前まで五年間ドワイト・アイゼンハワーが学長を務め、ライオネル・トリリング、マーク・ヴァン・ドーレン、C・ライト・ミルズといった戦後知識人を一同に抱えた研究母体でもあった。ビート派作家たちの活動は、こうした最先端の学術的動向と密接に絡まり合うなかから、立ち上がっていったのである。これからのビート派研究が進むべき道は、彼らが大学という制度的基盤やそこで生み出された学術的知を用いながら、いかに対抗文化を誘発させていったかを多角的に再検証していくことである。そのために本章が焦点を絞ったのがビート派と音響学の接点であるとしたら、次章でさらに吟味していくこととなるのは、彼らと超心理学との関係である。

第四章

アウター・リミッツ

——超心理学者ジョセフ・バンクス・ラインのテレパシー研究——

テレパシーの存在をだれかに証明してみせるつもりはありません。欲しいのはテレパシーに関する実用的な知識です。

――ウィリアム・S・バロウズ『ジャンキー』

一九五三年にウィリアム・S・バロウズが『ジャンキー』に書き記したテレパシーへの関心は、ビート派と学術研究の接点をさらに検討していくうえで、有益な視座を与えてくれる。本章のエピグラフにおいてバロウズが、テレパシーの証明に挑む人物として暗示しているのは、デューク大学心理学部教授ジョセフ・バンクス・ライン（Joseph Banks Rhine）である。ラインは、ESP（extrasensory perception）という語を考案し、超心理学（parapsychology）という学問領域を打ち立て、テレパシーの実証研究を行なっていた科学者であった。もちろん、これまでの冷戦研究において彼の名前が触れられることはまずなかったし、思い出されることがあっても疑似科学に傾倒した数奇な学者として想起される程度であった。二〇〇九年に刊行された評伝書でステイシー・ホーンが述べたように、デューク大学で研究活動を続けていたラインは、「現在ではほとんど忘れられている」(4)と言ってよい。こうした忘却の果てにある現在から、冷戦初期のアクターのつながりに改めて視線を投げ返したとき、ビート派バロウズと科学者ラインが、赤狩り最盛期のアメリカで紡ぎ出していた接点は、いっそう目を引くものである。

ラインのつながりはこれだけにとどまらない。彼が築き上げていた人的ネットワークは、決して忘れてはならないほどの豊かさをもっていた。ラインは二〇世紀初頭に、イギリス心霊現象研究協会のアーサー・コナン・ドイルから超常現象に関わる講義を受けている。ラインがアメリカで研究発信を始めた一九三〇年代には、物理学者アルベルト・アインシュタインや作家アプトン・シンクレアらが彼の提唱する超心理学を援護した。第二次世界大戦後になるとラインは、副大統領時代のリチャード・ニクソンと文通をし、ＣＩＡや軍部からの研究予算を手に入れていった。さらに超心理学は、ビート派だけでなくオルダス・ハクスリー、ティモシー・リアリーといった反体制的な戦後作家にも波及し、ひいては西海岸シリコン・ヴァレーの技術者にまでたどり着いていった。こうした彼の豊かな人間関係を念頭においたとき、ラインを疑似科学研究の代名詞のように扱うことで満足することは到底できなくなる。

問わなければいけないのは、なぜジョセフ・バンクス・ラインの生み出した超心理学というややマイナーな知が、戦後アメリカにおいて、東海岸から西海岸を包摂するほどの知の体系となりえたのかということである。本章はこの問いに向き合っていくために、ラインの科学言説と、彼の生み出した人的ネットワークを多角的に検証していく。この分析を通じて、米ソの差異を分節化していく学術的知として、超心理学が戦後アメリカで幅広く受容されていたことが明らかとなってくるだろう。

1．超心理学の誕生

冷戦初期のアメリカに旋風を巻き起こしていくこととなる超心理学の萌芽は、ヨーロッパに見出すことができる。テレパシーに対する知的関心が芽生え始めたのは、一八世紀にドイツ医学者フランツ・アントン・メスメルが生体磁気や催眠術の実験を行なったことがきっかけである。「テレパシー」という語が誕生したのは、一九世紀末のイギリスにおいてである。一八八二年に、心霊現象研究協会の創設者フレデリック・ヘンリー・マイヤーズは、当協会の機関紙において「一般に認められた感覚器官の操作を経ずに、遠くから受け取る感覚」(Luckhurst 70)を表すために、「テレパシー(tele + pathos)」という語を考案した。心霊協会の面々は、神秘的な現象を科学的語彙によって説明することを企てていった。代表的な構成員は、ヘンリー・シジウィック、ウィリアム・ジェイムズ、アルフレッド・テニスン、マーク・トウェイン、ルイス・キャロル、アーサー・コナン・ドイルなどの心理学者や小説家である。しかし、創立から半世紀たった一九三〇年代においても、「透視」「未来予知」「念力」「テレパシー」といった諸現象は、心理学という既存の知の枠組みをもってしてもおよそ理解不能なままであった。

こうした状況を打開するために立ち上がったのが、ジョセフ・バンクス・ラインである。彼の登場によって心霊研究の中心的磁場は、イギリスから、アメリカはノース・カロライナ州に位置するデューク大学心理学部へと移り変わっていく。ラインは、一九二〇年に心霊現象研究協会の会長に着任したウィリアム・マクドゥーガルと手を組み、心理学に隣接する新領域として「超心理学」を打ち立て、それを科学研究の主流にしていこうとした。マクドゥーガルはアプトン・シンクレアのテレパシー実験報告書『メンタル・ラジオ』(*Mental Radio*, 一九三〇年)の出版を後押ししたことでも知られる。この報告書が興味深いのは、たんに超心理学者と小説家という組み合わせがあるからだけではない。本報告書の「序」を記したのがアルベルト・アインシュタインだったからだ。相対性理論において時空間の可変性を主張したこの物理学界の異端児は、「本書で注意深く簡潔に展開されるテレパシー実験の成果は、自然を探査する人が考えうるものをはるかに凌ぐものとして、しっかりと屹立している」(xi)と、シンクレア夫妻のテレパシー実験を高く評価している。古典物理学の体系に異議を申し立てた物理学者からの賛辞は、新しい知の領域を作り出そうとする若きラインとマクドゥーガルの支えとなった。ふたりは直後にデューク大学に超心理学研究所を設立した。

そこでラインは、すべての神秘的な現象を「サイ（Psi）」と名づけ、それをふたつに分類した。一方は「ESP」であり、もう一方は「PK（psychokinesis）」の略称で呼ばれ、実験の取り組みやすさから、当面は前者のみに尽力する方向性をラインは導き出した。一九三四年には、九千回の実験結果をまとめあげた『超感覚的知覚』（*Extra-Sensory Perception*）を出版し、神秘主義と学術研究の伝統的な境界線に揺さぶりをかけていった。しかし、これらの知の体系化や出版活動にもかかわらず、三〇年代から四〇年代前半にかけて、超心理学は学術研究の場においては周縁に押しやられたままであった。

ところが第二次世界大戦後のアメリカにおいて、超心理学というマイナーな知は、一気に注目を集めていくようになる。ラインのもとには戦死者との交信を行いたいという市井の人々からの依頼が殺到したからである。その期待に応えるべく一九四七年に、ラインは超心理学研究所を心理学部から独立させ、研究に没頭できる環境を作っていった。同年には新しい研究書『精神の広がり』（*The Reach of the Mind*）を刊行し、「私たちはこれからの年月、核と人間の力のどちらをより優先的に研究すべきか決定すべきである。どちらを次の一〇年、二〇年の科学の基調として据えるべきだろうか。［中略］人間の精神の本質に関する問題を、積極的に調査すべき段階へと移行するべきだ」（224）として、アメリカ国民に向けてテレパシー研究の必要性を訴えかけていった。

彼のこの主張は、マッカーシズムが隆盛を極める五〇年代初頭に、冷戦を強く意識した政治的な論調へと変化していくことになる。ラインは、唯物論を持ち出すことによって、超心理学の研究意義を大々的に公言していくようになるのである。一九五一年に出版された講演録『テレパシーと人間の個性』（*Telepathy and Human Personality*）においてラインは、共産主義と唯物論をアメリカに敵対するイデオロギーとして据えつつ、戦後社会における超心理学の意義を、以下のように問いかける。

注意を喚起しておきたいとおもう。唯物論は、こんにちのロシア共産主義の考え方の大原則となっているようなのだ。ソビエトの体制は、人間を物質と見なす理論に立脚して社会を作り上げようとしている。重要なのは、西洋社会が、共産主義システムに攻撃をしかけているにもかかわらず、その基本的な前提をそれほど深刻に攻撃していない点である。超心理学の知見を活用しなければ、ソ連の唯物論的考え方を攻撃するための方策はほとんどないのではないだろうか？（36）

ラインは、共産主義対資本主義という冷戦の枠組みを、唯物論対反唯物論へと変換し、そこに自らの神秘主義的な研究の存在価値を見出していく。超心理学は、唯物論的思考では理解不能な現象を科学的に証明する分野として、その学術的価値をアピールし始めていったのである。

二年後の一九五三年に出版された『精神の新世界』（*New World of the Mind*）においても、ラインは超心理学と反共主義の接合をさらに繰り返すことになる。

共産主義と対峙しているこんにちの西洋民主主義の脆弱さを素直に認めることが健全ではないでしょうか。共産主義を名指ししたり、反論したりしているだけでは十分ではありません。それをロシアと結びつけて満足したり、われわれのほうが武力で優っていることを当てにするのも安全ではありません。共産主義の没落や、反革命を待っているのは危険です。この問題に関して、学問や科学や知性が何らかの意義をもとうとするのなら、共産主義の原理原則を真摯に分析する以外ありません。それ以外のことは、たんなる付け焼刃です。まだ間に合うのでしたら、こうした分析を行うことで、社会は、人間とはなんであるかを再発見していくことになるでしょう。これまでの科学ではわからなかった人間について再発見していきましょう。(222)

ラインにとって、超心理学は、共産主義の脅威に立ち向かうことのできる知である。それは唯物論では説明の難しい現象を科学的に説明づけていくことで、結果的に「キリストが作り給うた神秘的な領域を高めていくことができる」(179)ものなのである。さらに付け加えて彼は、「人間には、物理法則では説明できないことがあると証明できれば、自由意志の存在を論理的に導き出せる」(216)とも述べ、超常現象の研究はアメリカ的な価値観を守っていくために必要不可欠なのだと、意気込んでいる。超心理学は、米ソの差異を学術的に裏づけていくうえで決して欠かすことのできない知の体系となったのである。

こうしたラインの超心理学言説は、赤狩り時代の主流ジャーナリズムのなかにたちまち流通していくようになる。彼の一連の著作物と研究状況は『ニューヨーク・タイムズ』『タイム』『ハーパーズ』『ワシントン・ポスト』『ライフ』などで次々と熱狂的に報じられていった。テレビでマッカーシズムの様子を視聴していたアメリカ国民が新聞や雑誌を開けば、「テレパシー――人間の第六感?」「核時代の科学者は幽霊を退治したが、テレパシーはしていない」「デューク大学研究者が超心理学の証拠を広げている」などと題した、ラインの研究を好意的に受け止める記事が目にとまるような時代になっていった。(1) さらに、こうした報道に後押しされるように、一九五〇年代にはテレパシーをガジェット的に扱うＳＦ小説が、カート・ヴォネガット・ジュニア、レイ・ブラッドベリ、シオドア・スタージョン、アルフレッド・ベスターらによって相次いで刊行されていった。

もちろん、超心理学を疑似科学と見なす風潮がなかったわけではない。懐疑論者の筆頭格であるマーティン・ガードナーは、一九五二年に刊行し、五七年に増補改訂した『科学の名の下の流行と誤謬』（邦訳『奇妙な論理』）で、疑似科学が広まっている同時代の状況に苦言を呈している。彼は本書の冒頭で、「こんにちの科学の流行が生んだ興味深い結果のひとつは、新しく奇妙な「科学的」理論を奨励する者が隆盛していることである」(3)と嘆き、ＵＦＯ、ダウジング、地球空洞説などの疑似科学に警鐘を鳴らしながら、これらを次々と論駁している。ところが、同書後半でＥＳＰとラインを論じる場になると、突然歯切れが悪くなる。

> ラインは本書で論じてきた疑似科学者とは明らかにかけ離れていることをすぐに述べておかなければなりません。彼は本当に誠実な人物で、彼の仕事は容易には無視できない注意深さと才能によって実施されてきました。本書のようなおおざっぱな記述ではなく、真剣に検討していく必要があるでしょう。彼をここで紹介するのは、近代心理学の「非正統派」として彼の知見が注目できるものであるからですし、彼が奇人とは呼べないまでも、正統科学から離れた境界線上の科学者の素晴らしい一例だからです。(299)

超心理学を疑似科学と断定できないガードナーの曖昧さは、そのまま五〇年代にこの学知が置かれていた両義性を物語るものだ。「境界線上の科学者の素晴らしい一例」であるラインは、非正統的な科学者でありながらも、一方で学術共同体のなかで急速に認知されるようになっていた。

ガードナーをもってしてもテレパシー研究を一刀両断できない状況で、超常現象をめぐる学術研究は国家規模で財政支援を受けていくようになる。ロックフェラー財団、海軍研究局（ＯＮＲ）、ＣＩＡはラインの研究を後押しした代表的な機関である。ロックフェラー財団は、戦争直後にアルフレッド・キンゼイの同性愛研究に資金提供をしたが、その次に目をつけたのがラインのテレパシー研究であった。また、五二年には霊媒師アイリーン・ギャレット（Eileen Garrett）がニューヨークに「超心理学財団」を立ち上げ、テレパシー研究に財政面の援助をするようにもなった。

財政面だけでなく、研究体制も整備されていくようになる。一九五六年には「超心理学協会（Parapsychological Association）」がラインによって設立され、ハーヴァード大学、シカゴ大学、スタンフォード大学などの科学者が集う場となる。翌五七年には、超心理学者ジョージ・ゾラブ（George Zorab）による『超心理学研究書誌目録』（*Bibliography of Parapsychology*）が刊行され、それまでの研究成果の一覧が、実験項目別に整理された。そこでゾラブは、「テレパシー」「透視」「未来予知」「サイコメトリー」から、超心理学のなかでも傍流の「幽霊現象」「死後生存」「水晶占い」「ラップ現象」「超能力」「自動筆記」「ダウジング」などに関する膨大な先行研究を時系列順に並べている。「序文」でゾラブは、本書刊行の目的を「まだ組織化されていないときから方法論が出来上がるまでの超心理学の発展を読者に見てもらうために、刊行順にそれぞれ大小に分類にしたすべての資料を年代順に並べたので、この科学の成長はそれぞれのカテゴリーをたどることで明瞭になっている」（11-12）と述べている。この宣言からわかるように、ゾラブは周縁的な超心理学を「科学」の名の下に再配置し、主流派科学研究と同列のものとして位置づけようとしている。

こうした勢いに乗って、超心理学は、正統的な科学研究領域との接点をいっそう強めていくことになる。アメリカ科学振興協会（American Association for the Advancement of Science）発行の世界的学術誌『サイエンス』が、一九五六年一月号でついに「ＥＳＰ特集」を組んだのである。巻頭には肯定派・否定派六本の超心理学関連の論文が掲載され、内二本はラインが記した。戦前の科学研究において周縁的な位置に甘んじていたテレパシー研究は、戦後に学として整備され、多額の研究資金援助を受け、五〇年代半ばまでにはアメリカ科学研究の総本山である本協会にとっても、決して無視できない地位にまで登りつめたのである。『サイエンス』の編集者は、特集号の巻頭言で、超心理学の行方をこう総括している――ＥＳＰ論争は「まだ終わっていない」(7)。

2. 超心理学者と精神工学者の戦い

超心理学は、第二次世界大戦直後から一九五〇年代半ばまでに、周縁的な位置から『サイエンス』にまで一気に到達したことになる。とりわけ朝鮮戦争以降に超心理学がアメリカ国内で制度化されていく速度は、異様なまでに早い。なぜこの期間に、テレパシー研究は注目されるようになったのだろうか。

朝鮮戦争の勃発は、戦地で捕虜となったアメリカ兵の存在を際立たせることとなった。二一名の戦時捕虜が本土への帰国を拒んだからだ。社会主義諸国を居住地に選んだアメリカ兵は、敵国こそがユートピアだと見なすようになった。こうした衝撃的な転向報告が新聞・雑誌を通じてなされたことで、捕虜は中ソによって洗脳されたのだという風説が流布するようになる。そこで洗脳の脅威に立ち向かうため、一九五三年四月にＣＩＡ長官アレン・ダレスは通称「ＭＫウルトラ計画」とよばれる隠密計画を科学情報部（Office of Scientific Intelligence）の一部門に据えた。そこではＬＳＤ、ショック療法、自白誘導尋問テクノロジーの調査が進められ、洗脳・脱洗脳技術の開発が試みられていった。

その際、諜報機関の目にとまったのがラインであった。その頃ラインは、テレパシーを「空間の障壁を超えた精神と精神のコンタクト」（*New World of Mind* 19）と定義し、壁を隔てた思想伝達が成功し始めていることを大々的に喧伝するようになっていた【図1】。この瞠目すべき研究成果に目を付けたＣＩＡは、超心理学を軍事転用していく可能性に思い至ったのである。当時ラインとやり取りをしていた諜報員は、テレパシーが可能になれば、鉄のカーテンの向こう側から「機密を入手すること」もできるようになると大きな期待を寄せていた（Ebon 258）。そして、ＣＩＡは以下のような切迫した調子で、ラインと推定される人物に研究協力を呼び掛けた。

【図1】テレパシー実験の様子。黒い板を一枚はさんで、思想伝達が可能かどうか試みている。（Rhine, *The Reach of the Mind*）

> マルクス主義的唯物論の立場から、ロシアは政府も、一流の心理学者も、私たちの研究を否定していますが、彼らが私たちと同様の実験を唯物論的な解釈から行なっているとの指摘を、少なくともひとつは目にしております。本件についての情報をいただければ、感謝申し上げます（Ebon 260）。[2]

中ソはテレパシーのような何らかの手段によってアメリカ人捕虜に、思想を注入できるのだから、アメリカもそれに対抗できるエスパーを発見しなければならない。こうした焦燥感をアメリカの諜報機関は抱いていた。こうして彼らは、それまで光の当たってこなかった東海岸のひとりの研究者に、急速に接近していくこととなったのである。

このパラノイア的な機密文書で示唆されているように、ソ連の科学者は朝鮮戦争以前から唯物論の立場から、精神の研究に携わっていた。スターリン政権下では、神秘的・宗教的な動機にもとづいた研究はいかなる領域であれ禁止されていたし、ソ連国外から送られてきた超心理学研究の刊行物や論文はすべて発送元に返送されていた。その条件下で、ベルナルド・カジンスキーやレオニード・ワシリエフといった科学者は、テレパシーとは無線通信のように、身体から放出される電磁波によって可能になるとする理論を唱えていくようになった（ベロフ 195-98）。[3] 冷戦初期のアメリカでこのようなスタンスを取った超心理学者はきわめて少数であった。そしてこの理論上の違いから、ソ連におけるテレパシー研究は「精神工学（psychotronics）」と呼ばれ、アメリカのそれは「超心理学」として区分されていくことになった。こうして、電磁波説に立脚したソ連の精神工学者と、神秘領域や自由意志の存在を立証しようとするアメリカの超心理学者という対立軸が誕生する。このときラインは、学術研究を通じてソ連に立ち向かっていく、文字どおりの冷戦戦士となった。

3. 知の媒介者としてのビート派

米ソのイデオロギー的差異を際立たせることに寄与した超心理学の知は、大学や研究所といった東海岸の制度的空間から徐々に抜け出していくこととなる。その契機となったのが、ジョセフ・バンクス・ラインとオルダス・ハクスリーの出会いである。朝鮮戦争が休戦して間もない一九五四年、ハクスリーはメスカリン体験報告書『知覚の扉』（*The Doors of Perception*）を出版し、精神が薬物投与によって人為的に変容していく過程をたどってみせた。東海岸にいたラインは、西海岸におけるハクスリーの精神実験に関心を抱いた。そこで彼はハクスリーをデューク大学に招聘し、講演を依頼した（Lee 48）。東海岸におけるテレパシー研究は、この講演をひとつの契機として、反体制的な文化領域と合流し始めていく。

同年一月一一日号の『ライフ』誌に、ハクスリーが発表した論考「ＥＳＰ、ＰＫ、ＰＳＩに関するひとつの事例」は、こうした東西の交流の開始を物語るものである。そこでハクスリーは、ラインの研究や超心理学の歴史を解説しながら、「私たちは共産党の無神論的唯物論への十字軍的戦いを遂行しているようだ」（108）と現状を概観する。こう述べるハクスリーは明らかに、ラインやＣＩＡと同じ思考の枠組みのなかにいる。両者はともに、ソ連の唯物論的世界観を敵視している。さらにハクスリーは、ソ連で進められている行動主義心理学も、その延長線上で批判していく。ソ連の生理学者イワン・パブロフは、実験室において条件付けされた犬は、反射的に唾液分泌を繰り返すことになることを発見した。このような条件付けが理論化された場合、人間の思想・行動までもが、政府によって統制されていく危険性があると、ハクスリーは警鐘を鳴らす。そして彼は、「もし男性と女性が物理的・社会的プロセスの副産物でしかないのなら、彼らが人間として扱われることはないだろう。そうなったら、ジョージ・オーウェルの『一九八四年』が恐るべき現実となっていくことを目にすることになるだろう」（109）と述べ、行動主義心理学の隆盛と全体主義の勃興を重ね合わせ、自由な精神を擁護していく。こうした論を展開するハクスリーは、ラインが朝鮮戦争期に記した反共的な超心理学言説の枠組みから逸脱するようなことはない。しかし同時にこの論考は、超心理学への関心が決して東海岸の体制側だけの関心事ではなかったことも告げている。

相前後して、ハクスリーとつながりの深いビート派にもテレパシーという考えが広まっていくことになる。ハクスリーの論説が登場する数ヵ月前、ウィリアム・Ｓ・バロウズは『ジャンキー』（一九五三年）において、彼のテレパシー観を披露している。ラインの研究書の読者でもあったバロウズは、本作でコロンビアやメキシコといったラテン諸国に、「ヤーヘ」「テレパシン」と呼ばれる新種のドラッグを探しに向かっている。たしかに、彼のこの旅は、エキゾティシズムに根差したものであり、批判されるべきものであるだろう。しかし同時に見過ごしてはいけないのは、本書でバロウズが、これまで見てきたテレパシー言説を踏襲しつつも書き換えている点である。それを表しているのが、本章のエピグラフに引いた一節を含む以下の引用である。

私はアマゾンの上流地域で原住民が使っている「ヤーヘ」という薬のことを本で読みました。ヤーヘはテレパシーの感受性を増進する薬ということになっています。コロンビアのある科学者は「ヤーヘ」からテレパシンと称する薬を抽出しました。私は自分自身の経験からいって、テレパシーは実在するとおもいます。しかしテレパシーの存在をだれかに証明してみせるつもりはありません。欲しいのはテレパシーに関する実用的な知識です。どんな関係においても私が求めているのは、言語によらない直感と感情の接触、つまりテレパシーによる接触なのです。どうやら、ヤーヘに関心を持っているのは私だけではないようです。ロシア人はこの薬を奴隷労働者たちに対する実験に使っています。彼らは自動機械的な服従と完全な思想統制の状態を引き出したがっているのです。それには基礎的なからくりも、積み上げ操作もいりません。他人の精神のなかに入り込み命令を下すことができるというのです。しかし、この計画は失敗するに決まっています。もともとテレパシーは、送信者と受信者が決まっているような、一方通行的な仕組みではないからです。(127)

ここでバロウズは、「自動機械的な服従と完全な思想統制」のためにテレパシーを利用しようとしているソ連を痛烈に批判している。この主張は、ソ連のテレパシー研究の目的を洗脳技術の開発と捉えていくラインやハクスリーの見解と同一のものである。しかしバロウズはここで終わることなく、「一方通行的」ではない複数の主体間の「言語によらない直感と感情の接触」こそ、テレパシーの醍醐味であると、さらに思考を展開していく。このように意味をずらすことで彼は、無意識領域を国家単位で管理しようとする体制側の論理に抵抗し、制度に回収されかけたテレパシーの知を自らのもとに引き寄せようとしている。

ビート派のアレン・ギンズバーグもまた、テレパシーの意味を変容させることに取り組んでいる。五六年にギンズバーグが発表した代表詩「吠える」（"Howl"）は、社会制度から見捨てられ、文明社会の狂気によって破壊されたヒップスターを次々と列挙するものである。そのなかでギンズバーグは、カンザスの足元で打ち震える宇宙の胎動を感じ取ったヒップスターが、古代の神秘主義的な哲学者プロティノスと、エドガー・アラン・ポーと、使徒ヨハネと、テレパシーと、バップとカバラを研究していく情景を力強く描いている（12）。この詩に登場するヒップスターは、時空間をこえてメタフィジカルな領域と感覚的に交信していくことで、歴史上、非正統的と言われてきた人物とつながり、新たな精神共同体を創出しようとしている。ギンズバーグはそのようなアウター・リミッツな交流を可能にするメディアの代名詞としてテレパシーをとらえ、その可能性に賭けていた。「吠える」発表の同年に、超心理学協会が誕生し、超心理学が『サイエンス』の特集になったことを考慮に入れると、ギンズバーグのテレパシー解釈が、主流的な言説から逸脱していることは明らかである。

このようなテレパシー的な連帯を育んでいくうえで、文学テクストは何ができるのか。この疑問に積極的に対峙していったのが、ビート派のジャック・ケルアックである。彼は自らの作家理念をまとめたマニフェスト「即興散文の重要事項」（"Essentials of Spontaneous Prose"，一九五七年）で、ロード・ノヴェル『路上』（一九五七年）にも通じる考えを、以下のように唱えている。

注意深くあれ。表現を選ぶのではなく、精神の赴くままにしたがい、その主題に関する果てしない思考の海のなかをさまよえ、制限をつけることなく英語の海のなかを泳げ、修辞的な息遣いや強い発言を生み出すリズムのなかを泳げ。発せられた音が書き物机に初めてやってきたとおりにそのまま受け止めよ。ドン！　やりたいだけ深く息を吐け。深く書け、深く探れ。まずは自分が満足しろ。そうしたら読者は必ずや、テレパシー的衝撃（telepathic shock）あるいは意味の興奮を受けとるはずだ。（Charters 57）

この表明を、一九世紀末の「意識の流れ」派の末裔として捉えることも可能だろう。それとともに興味深いのは、ここでケルアックが、精神を解放した状態で紡いだテクストは、読者に「テレパシー的衝撃」をもたらすと主張していることである。ケルアックの小説からテレパシーを受け取った読者は、連結され、彼とともに精神の共同体を作り上げていくのである。

宮本陽一郎はかつて、体制からドロップアウトしたビート派作家らは、時空間的な制約を飛び越え、テレパシーでつながろうとしていたのではないかと問題提起したことがある（159）。実際本節で見てきたとおり、彼らはテレパシーに大きな関心と期待を寄せていた。ただここで付け加えなければならないことは、テレパシーは決してビート派によって占有されていた知ではなく、デューク大学やＣＩＡといった体制側にとっての問題でもあったということである。ビート派のテレパシー観は、超心理学という冷戦初期の学術的知をベースにしながら、それを異なる意味合いのもつ記号へと書き換えていくなかで形成されていったのである。

このように超心理学の知が東海岸から西海岸へ移動していく際、テレパシーの意味作用は大きく変容していった。それを促したのがビート派作家たちであった。彼らは、東海岸の研究大学で培われた学知に対して異様なまでの関心を示し、それを西海岸へと持ち出していった。ビート派は、東海岸における学術研究の成果を、西海岸の対抗文化領域へと橋渡ししていく媒介者であった。

4. シリコン・ヴァレーへ

東海岸を飛び出したテレパシーの知は、次第に六〇年代対抗文化のスローガンであるパラダイム・シフトとも共鳴していくようになる。その契機は、スイスの精神科医カール・ユングと、ジョセフ・バンクス・ラインの書簡のやり取りのなかですでに予感されていたものである。五三年に記されたライン宛の手紙でユングは、ＥＳＰ現象に見られる時空間の圧縮という側面に光を当て、「ＥＳＰの重要な点はそれが時間と空間を相対化してしまうことである」と洞察している。そして「空間と時間が心霊研究的に相対的ならば、物体もまたそうであり（念力！）、因果関係というものはたんに統計上真なることであり、つまり非因果的なことは山ほどあるのだ。証明終了」（127）と思弁している。(4)

ユングにとって、ラインのテレパシー研究が興味深かったのは、彼の研究が時空間の相対性を裏づける科学的論拠になりうると思われたからである。もし時空間が絶対的でないなら、偶然の一致が発生してしまう共時性のメカニズムも科学的に説明することができるようになると、ユングは見込んでいた。もちろん一九三〇年代にアインシュタインがテレパシー実験に関与していたという経緯からもわかるように、テレパシーの解明が、時空間の相対性の証明につながると捉える論調はユングに始まったわけではない。しかし、テレパシーに宿るこの革新的な一面が注目され、パラダイム・シフト論と共振を始めるのは、一九五〇年代以降のことである。

一九五九年七月号の『ハーパーズ』誌で展開されたテレパシー論は、この書簡から窺い知ることのできる、テレパシーとパラダイム・シフトのつながりに注意を喚起していくものである。ヴァージニア大学心理学部長でユング派のイアン・スティーヴンソン（Ian Stevenson）は、テレパシーが物理学の基本法則に疑義を挟む現象であると主張している。「ＥＳＰ熱狂者も懐疑論者も、超心理学を認めたら、現在の宇宙に関する科学的な見方は大転換するだろう」と彼は述べ、その結果、「人間の見方に革命が起こる」（25）と結論づけている。

ＥＳＰが立証されれば、近代の時空間認識が大転換するというこうしたユング派の主張は、異端を旨とする西海岸の文化的土壌に一気に波及していくことになる。折も折六二年には、科学思想家トーマス・クーンが『科学革命の構造』（*The Structure of Scientific Revolutions*）において、ニュートン以降の機械論的・因果論的な世界観がいずれ解体することを予言したばかりであった。超心理学言説とパラダイム・シフト言説が連動することで、西海岸では、近代的な還元主義や機械論的思考が徹底的に批判され、非因果律や包括的世界観（holism）が称揚されていくことになる。ニュー・エイジ思想家のなかには、量子力学と東洋思想を重ね合わせることで時空間が融解していく世界像を見出していく者や、包括論を拡大して環境保護運動や生態学へと傾斜していく研究者も現れた。またカリフォルニアのビッグ・サーには、ヒーリングやサイコセラピーの実験を行うエサレン研究所が誕生した。新しいパラダイムの到来を夢見るこうした一派にとって、機械論的思考は、近代の悪しき思考の産物であるばかりでなく、全体主義を生み出す要因にもなるため、強く非難すべき対象であった。この点で、東海岸の文化に抵抗していたはずの西海岸文化の担い手たちは、対ソ意識を体制側と共有し、その言説の範囲のなかで反抗的な文化運動を行なっていたことは、ここで強調しておかなければならない。

最終的にテレパシーは、電子コンピューターに熱狂する、シリコン・ヴァレーのハッカーたちの手のなかにおさまっていくことになる。一九七二年、『ホール・アース・カタログ』(*Whole Earth Catalog*)の創刊者であり、アップル社スティーヴ・ジョブズとも縁の深いスチュアート・ブランドは、小論「空間戦争――コンピューター・マニアの狂信的な生活と象徴的な死」で、パーソナル・コンピューターが広まる未来をこう考察する――「コンピューターがみんなのものになれば、ハッカーの時代がやってくる。私たちはみんなコンピューター・マニアだ。個人としても集団としていっそう力を得るのだ。もろもろの価値が高まっていくだろう。たとえば即興的な創造や、人間の交流、感覚的な交流(sentient interaction)が、豊かかつ緻密になっていくだろう」(58)。これまで、六〇年代対抗文化とサイバースペースの思想的な類縁性は数多く指摘されてきた。実際、パーソナル・コンピューターの開発に携わったスティーヴ・ジョブズも、元々は大学をドロップアウトしたヒッピーである。しかし、この初期電子コンピューター言説は、六〇年代対抗文化の現れであると同時に、五〇年代における超心理学言説との関わりからも捉えることができる。ブランドのオルタナティヴ思想を潜在的に支えているのは、ビート派やユング派の超心理学言説に見られる、時空間の制限を越えて人々がテレパシックにつながることで生成されていく、新たな共同体への欲望でもある。

コンピューター・テクノロジーの開発に仮託された世界観が超心理学言説と絡まりあっていたのなら、インターネットもまた超心理学と重なりあうものであった。カリフォルニア州パロアルトのゼロックス社は、ブランドの論が発表された翌年、現在のインターネット規格である「イーサネット(Ethernet)」を誕生させた【次頁の図2】。そして、このゼロックス社の創始者チェスター・カールソン(Chester Carlson)もまた、ジョセフ・バンクス・ラインと深いつながりがあったのである。チェスターの妻ドリスは、ESP能力をもっているると自称しており、彼もまたその能力を認めていた。そのなかで彼はラインの活動を積極的に支援するように

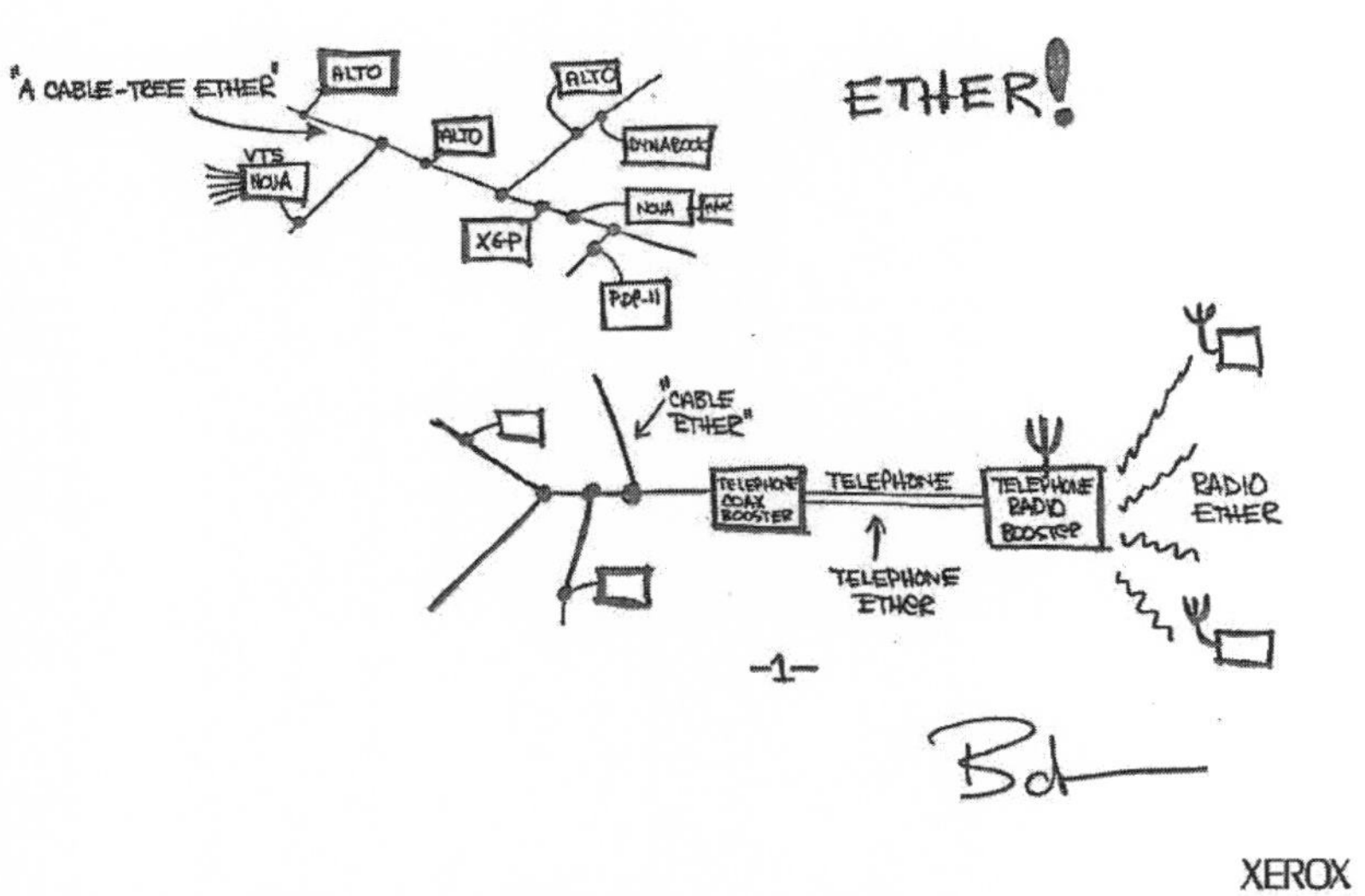

【図2】ゼロックス社「イーサネット・スケッチ」(1973年)。

なっていった(Horn 5)。このように超常現象に興味のつきなかったチェスター・カールソンは、電子空間において個々人がテレパシー的に連結されていく魔法のようなテクノロジーを命名する際、一九世紀末まで信じられていたエーテルという神秘的な媒質の名を借用し、それをイーサネットと名づけた。初期電子コンピューター文化の担い手は、超心理学の知を換骨奪胎しながら、人々が感情的につながっていくことで立ち上がる新たな空間を夢見ていったのである。かくして東海岸で誕生し、冷戦というパラダイムを立ち上げていった超心理学は、西海岸のシリコン・ヴァレーにまで到達し、対抗文化をも誘発させる知の体系となった。

以上のように、忘れられた科学者ジョセフ・バンクス・ラインに向き合うことによって私たちは、一九五〇年代の反共主義的な超心理学言説のなかに、六〇年代対抗文化へとつながる思想の萌芽があったことを見て取ることができた。このことは従来の戦後アメリカ認識に修正を迫ってくるものだろう。これまでの戦後アメリカ史記述は、六〇年代の文化シーンを特別視しようとするあまり、それに先立つ五〇年代を、抑圧的で順応主義的な一〇年間として捉えることが多かった。このような歴史観に依拠し続ける限り、五〇年代の学術研究者たちは、赤狩りに怯えながら粛々と保守的な思想を紡いでいただけだと過小評価されていくこととなる。ラインのたどったキャリアは、このような理解がいかに一面的なものであるかを訴えかけてくるものである。これからのアメリカ研究に求められていくことは、五〇年代のアカデミズムの言説のなかに、いかに対抗文化の要素が芽吹き始めていたか、そして対抗文化がいかに学術研究の恩恵に預かっていたかを今一度精査していくことである。

第五章

ティファニーで冷戦を

――『ティファニーで朝食を』における航空旅行の地政学――

トルーマン・カポーティの『ティファニーで朝食を』（一九五八年）が、社会批評性に乏しいテクストであるという証言は後をたたない。一九五〇年代末から六〇年代初頭にかけてノーマン・メイラーやイーハブ・ハッサンらが、当時の文学批評において支配的であった新批評的な枠組みを用いつつ、テクストの文体と形式を賛美したとき、それは同時に、カポーティは「小説の素材について熟考していない」（Mailer 465）という前提とセットであった。こうした批評言説は、永らくペーパーバックのブラーブに用いられ、二〇〇八年に村上春樹が新訳を刊行した際にも「あとがき」で参照されるなどしたために、このテクストの受容の仕方を方向づけるものとなってきた（215-17）。また、物語をカポーティの人生と重ね合わせ、『ティファニーで朝食を』における政治的無関心さを指摘しながら、『冷血』（*In Cold Blood*, 一九六五年）で社会への関心が顕在化したと論じることは、評伝研究における定番の解釈であった。文学理論の成果を取り入れたエモリー・エリオット編集の浩瀚な『コロンビア文学史』（*Columbia Literary History of the United States*, 一九八八年）が作品名への言及すらしていないのは、このテクストの批評性の欠如を、ある種物語っているだろう。

こうした文学批評の潮流を生み出した大きな要因は、テクストが大衆文化領域と接点をもってきた経緯にある。「ティファニーで朝食を」は、まず大衆雑誌『エスクァイア』（*Esquire*）誌の一九五八年一一月号に一挙掲載された。左翼批評家アーヴィング・ハウは、ハッサンとメイラーに先立って、この小説を「ダイムノベル級のエキゾチカ」（132）といち早く指摘している。六一年にはオードリー・ヘプバーン主演によりハリウッド映画化され、文学テクストは映画テクストの「原作」と見なされていった。ハロルド・ブルームの編著『トルーマン・カポーティ』（*Truman Capote*, 二〇〇三年）が本作をまず、出版以来「非常に愛され続けてきた」（96）テクストとして紹介しているのはこうした状況証拠をたどる限り正しい。

このような大衆領域との接点を私たちは印象論にとどめておくべきではなく、さらにそれを歴史的文脈へと接合し、そこからテクストの批評性を導き出していかなければならない。その点で興味深いのは、テクストが生成された五〇年代が、しばしば「ジェット・エイジ」と時代区分されてきたことである。冷戦文化研究のひとつの重要な成果である『冷戦の休日』（*Cold War Holidays*, 二〇〇四年）でクリストファー・エンディが論じたように、一九四〇年代半ばから五〇年代のいわゆるジェット・エイジに、アメリカ政府は航空旅行産業を再編するとともに、大衆文化領域において航空観光旅行というジャンルを作り上げようとしていた。この状況は、「空の牧場を旅したい」と主人公ホリデー・ゴライトリー（Holiday Golightly）が物語内で幾度も口にするお馴染みのフレーズと絶妙に呼応する。本章はこうした観点から、『ティファニーで朝食を』を、冷戦初期の大衆航空旅行政策という歴史的網目に再配置し多面的に分析していく。最終的に、本文学テクストを、脱政治化されたニューヨーク都市文学としてではなく、冷戦文学として位置づけることが本章の目的である。

1. 休日の海外旅行

『ティファニーで朝食を』を記憶している場合、一九六一年公開の映画版で挿入歌として流れたオードリー・ヘプバーン奏でる「ムーン・リヴァー」を想起する場合が多い。「私とあなた、ふたりの放浪者が、見たい世界はたくさんある」と、月への想いを歌うオードリーの姿は、アポロ月面着陸計画とあいまって戦後アメリカ文化のひとつの光景となってきた。しかし、五八年に刊行された原作で主人公ホリデー・ゴライトリーがアパートの欄干で口ずさむリリックに「月」は登場しない。

中にはいったいどこでこんなものを覚えたのだろう、彼女はいったいどこからやってきたのだろうと、思ってしまうような歌を、彼女が演奏しているときもあった。それらは粗いけれど、優しさを持って放浪するような曲で、松林や大平原を思わせる歌詞がついていた。こんなのもあった。「眠りたくもない。死にたくもない。空の牧場をどこまでも旅していたい（*Don't wanna sleep, Don't wanna die, Just wanna go a-travelin' through the pastures of the sky*）」どうやらこの歌が彼女がもっとも満足する曲のようだった。というのも、髪が乾いてしまったあとでも、いつまでもこの曲を歌い続けていたからだ。太陽が沈んで、薄暮の中で家々の窓に明かりが灯り始めるころになっても。（16-17 斜字ママ）

ここでは月への憧憬は歌われず、「空の牧場をどこまでも旅していたい」と空を旅行することへの欲望が直截に歌われている。物語の通奏音の役割をはたすこの歌を、「ホリデー」と命名されたヒロインが歌っているという一見すると単純明快なこの場面は、「限りなく動き続けることへの希求」（越智 138）や「昼」（Hassan 233）の文体を裏打ちするものとして、これまでも批評的な関心を集めてきた。私たちは、こうした先行論を引き受けつつ、なぜこの歌のなかで空という位相に具体的に焦点があたっているのか、さらに考察を推し進めていく必要がある。第二次世界大戦中のニューヨークで歌われているこの歌詞は、テクストが刊行された冷戦初期のジェット・エイジの言説や表象と密接に絡まり合っているのである。

第二次世界大戦後のアメリカは、共産主義の脅威と戦うため、国内の共産党員をマッカーシズムなどによって赤狩りすると共に、民主主義と資本主義の世界的な浸透を目指した。トルーマン・ドクトリンと同年、一九四七年に発令されたマーシャル・プラン（正式名称は欧州復興計画）は、荒廃したヨーロッパ諸国を経済復興させる目的で発令され、ドル資本が世界経済に与える影響力を強め、世界経済圏を結果的に西側の資本主義経済圏と東側の社会主義経済圏で二分することになった。このマーシャル・プランの下部組織として、極めて重要な役割を果たしたのが「旅行開発部（Travel Development Section）」である。この部署がプロモートしたのは、端的にいえば、すべてのアメリカ国民を飛行機に乗せて国外に旅行させ、基軸通貨ドルと民主主義の理念を大衆レベルから世界規模で拡大させることであった（Endy 47-48）。パン・アメリカン航空（通称パンナム）や、トラベラーズ・チェックの老舗アメリカン・エクスプレス、外国語学習教室ベルリッツ、ヒルトン・ホテルといった第二次世界大戦以前から存在した海外旅行関連企業が、一気にその名を広めることになったのは、ちょうどこの頃である。(1)

旅行開発部が力を注いだのは、新聞・雑誌・映画といった大衆文化領域を駆使したメディア広報活動である。この部署のトップ、フランス系アメリカ人テオ・ポジー（Theo Pozzy）は、カポーティともゆかりの深い『ニューヨーカー』や『ニューヨーク・タイムズ』の編集部に出向き、海外旅行の宣伝に可能な限り多くのページを割くように指導した。(2) 大衆レベルで海外旅行が増大すれば、アメリカ人ツーリストは、「共産主義のプロパガンダに対抗する民主主義という武器」（Endy 123）になるだろうと、ポジーは画策していたからである。一九四〇年代後半から五〇年代の新聞・雑誌メディアに毎号のように掲載され続けた膨大な数の航空旅行の広告と特集記事を見れば、マーシャル・プランナーとして彼が行なっていた、こうした政治的な活動は成功したといえる。

ここで着目したいのは、ヒロインの名に他ならない「ホリデー（Holiday）」という語がこうした戦後航空旅行の言説や表象のなかで特権化されてくる過程である。大戦直後の四六年三月には、『ライフ』誌と同じ大判の旅行雑誌『ホリデー』がすでに刊行されている。同誌は毎号ヨーロッパ、アジア、ラテン諸国などの世界各地の名所を表紙のイラストにした。創刊号の表紙は、地球の上空を飛ぶジェット機を見上げる市民を描いた

【図１】『ホリデー』誌創刊号。
1946年３月号。

ものである。「飛行機」「地球」「市民」という三つの記号が、「ホリデー」という雑誌名によって繋ぎ止められている【図１】。このイラストには、一年前まで同じ場所で戦争が起きていた影すらない。語源を持ち出すまでもなく、「祝日」はキリスト教社会において労働とは対極にある祝祭的で神聖な日を意味してきた。同時に、第二次世界大戦後における世界情勢や社会状況の変動のなかで、「祝日」という語のもつ意味作用は、戦後という文脈のなかで再定位され始めていった。本誌の刊行宣言はそれを見事に表している。

> 『ホリデー』誌はこの新しい戦後世界のために企画されました。この世界では、これまで以上にリクリエーションが重要になってくるでしょう。多くの医者が逃避や旅行や遊びの有効性を唱えているのですから、新しいストレスと緊張でせわしない世界では、「リクリエーション」がより重要になってくるでしょう。（"Editorial" 3）

雑誌『ホリデー』は、戦後の変化が押し付ける「新しいストレスと緊張」から解放されるために創刊されたのである。さらに重要なのは、「ホリデー」は雑誌名に登場しただけではなかったということである。五二年には、ロードサイド・ビジネスからホリデー・インがオープンし、旅行者に快適な宿泊先を提供し始めた。翌五三年には、ローマの観光スポットを写し取ったオードリー・ヘプバーン主演『ローマの休日』がパラマウント製作で公開され、同作はその年のアカデミー主演女優賞を獲得する。戦時状態からの解放を指していた「休日」は、次第に、日常生活を覆う核戦争の恐怖から安息を得るための「休日」に読み替えられ、さらにマーシャル・プランと密接に結びついた旅行産業に接合されていった。

こうした「休日」を利用した国際旅行は様々な形をとって、第二次世界大戦後のアメリカに登場してくることになる。パンナム航空の創業者ファン・トリップが『タイム』誌のカヴァー・ストーリーを大々的に飾ったのは、「旅行開発部」の誕生からわずか二年後の、一九四九年三月二八日号である。また、『サタデー・イヴニング・ポスト』や『ライフ』誌といった主流雑誌にイラストを提供し続けてきた画家ノーマン・ロックウェルは、パンナム航空と組んで五五年に、「パン・アメリカン航空は世界をまたぐ魔法の絨毯（"Pan American Was My Magic Curtain around the World"）」と題したイラスト広告群を完成させている。そこでカラフルな色彩で描かれるのは、余暇を最大限に活用して、ヨーロッパ、アジア、南洋諸島、アラブ諸国に旅するアメリカ国民の生き生きした姿である。この翌年には、ジュール・ヴェルヌ原作の冒険小説『八〇日間世界一周』（*Around the World in Eighty Days*）が、ワイドスクリーンとフルカラー技術を駆使して、ハリウッドで映画化され、その年のアカデミー賞を受賞している。そのさらに翌五七年には、アーサー・フロンマー（Arthur Frommer）が『一日五ドル、ヨーロッパ旅行』（*Europe on 5 Dollars a Day*）を刊行し、本書はのちに格安海外旅行に興じるバックパッカーたちのあいだで古典的名著となっていく。

ここで注意しなければならないのは、海外旅行に行くことのできたアメリカ人は限られていたことだ。これまで言及したテクストに登場するのはおもに白人中産階級であり、その他の人種や階級は除外されていた。それだけではない。一九五〇年代を通じてアメリカ国務省は左翼思想、共産主義思想をもつ市民・知識人へのパスポート発行を禁じ、左派知識人が国境を越えて交流することを物理的に妨害していた。当時の航空旅行言説や表象は、核戦争の恐怖や、国内の赤狩りとは異なる表象形態をとっていたため、一見すると冷戦イデオロギーとは無縁に見える。しかしながら、その背後には、自由主義諸国の市民が「休日」を利用して相互に交流をもつことで、共産圏の台頭を封じ込めつつ、民主主義と資本主義の理念をグローバルに広めていこうとする、戦後アメリカ政府の地政学的思惑が流れ続けていた。

「ティファニーで朝食を」が一九五八年一一月号の『エスクァイア』誌に一挙掲載され「空前絶後」(Plimpton 163) の売れ行きを果たしたことは、こうした時代状況を抜きに理解することはできない。当時の大衆雑誌の多くがそうであったように、「ティファニーで朝食を」が初登場した『エスクァイア』誌でも、毎号「旅行」セクションが図版付きで確実に設けられ、旅行企業の広告や、旅行映画の宣伝などが相次いで掲載されていた。本作発表七ヵ月前の五月号からは、全米随一の旅行協会であるアメリカ旅行業協会 (American Society of Travel Agents) が公認する国際旅行案内「エスクァイアの寄り道」("Esquire's Side Trip") の連載が始まっている。連載七回目にあたる一一月号ではバハマ諸島の特集が組まれただけでなく、その他にメキシコと日本の紹介記事も並んでいる。カポーティのテクストは「旅行開発部」が先導したこうした海外旅行言説・表象が並ぶなかに、「ノヴェレッタ」として鮮烈に登場してくることになるのである。

このような文脈を加味すれば、語り手とホリデーが初めてニューヨークのアパートで出会う冒頭の場面は、この物語が航空旅行言説と密接に絡まりあっていることを明示する場面であると捉えなければならない。冒頭で語り手は、「当時はホリデー・ゴライトリーについて書こうなど思いもしなかった」と述懐を始め、冷戦時代から第二次世界大戦中のニューヨークの光景を想起し始める。語り手は当時、彼女の郵便箱に「ミス・ホリデー・ゴライトリー、トラヴェリング（*Miss Holiday Golightly, Traveling*）」（11 斜字ママ）というカードの署名があったことを思い出す。物語内でたびたび登場するこのフレーズは、字義どおりに解釈すれば、「軽やかに行き来するホリデーは、旅行中」となる。このヒロインの署名、そして「空の牧場をどこまでも旅していたい」という彼女が好んだ歌詞は、この物語特有の表現ではなく、冷戦初期の大衆航空旅行文化のなかで形成されてきた修辞そのものであり、物語の細部をさらに歴史的に読む込むための重要な符牒となってくるのである。

2. ブラジルとのロマンス

第二次世界大戦後の世界情勢と照らし合わせながら、このテクストを読解していく場合、物語のマスター・プロットであるヒロインのロマンスにもまた注視する必要がある。多くの批評家は、ヒロインの異性愛に注目はするものの、その相手がなぜホセ・イバラ＝イェーガーというブラジル人なのかという問いから目をそらしてきた。こうした細部が問題なのは、一九四三年から五〇年代にかけて展開するアメリカとブラジルの国籍をこえたロマンスは、『ティファニーで朝食を』のみならず、第二次世界大戦から冷戦期にいたるアメリカ外交政策の課題そのものでもあったからだ。

まず指摘しておかなければならないのは、ホセがアメリカ政府と深いつながりのある外交官である点だ。ヒロインが自宅のアパートで催したコスモポリタン的な社交パーティーに招かれたホセは、当初マグというホリデーの同居人と親密になる。しかし次第にホセとホリデーの関係が進展していくと、彼の具体的な背景が明らかになる。彼は「政府関係」の仕事で「週に数日間ワシントンに出向く」（56）男性なのである。

ホリデーはブラジル人外交官ホセへの憧れを強めていく。彼女は彼と婚約をするために、ブラジルについて知りうる限りの情報を入手しようと試みる。ニューヨーク市立図書館では、『雷神鳥は南に』『知られざるブラジル』『ラテンアメリカの精神』といった、当時勃興しつつあったラテンアメリカ研究やブラジル研究関連の文献を一日中読みふけ、知的理解を深めていく（58）。[3] またホリデー・ゴライトリーという名にふさわしく、キー・ウェストからハバナに至るカリブ海周辺に、ホセを含めた四人で旅行に向かうことで、彼とのつながりを深めていく（60）。そしてさらに見過ごしてはならないのは、彼女が自宅でポルトガル語の学習を続けていることである。

ポルトガル語を習得しようとする彼女の努力についても、僕は描写しないほうがいいだろう。その試練は彼女にとってと同じくらい、僕にとっても実に飽き飽きするものだった。というのは、彼女を訪れるといつでも、リンガフォンの語学レコード・アルバムが蓄音機の上で回り続けていたからだ。そしてまた、彼女は「私が結婚したあと」とか「リオに移ったあと」で始まらない文はめったに喋らなかったのだ。（81）

ホリデーが熱中する語学学習とは、海外旅行産業の隆盛と結びついたものであった。前述したとおり、語学学校ベルリッツが脚光を浴び始めるのは冷戦初期である。ポルトガル語の独習教材『ベルリッツ自習本ポルトガル語』（*The Berlitz Self-Techer: Portuguese*）が刊行されたのはマッカーシズムと朝鮮戦争が激化するのと同じ、一九五三年である。全三八課で構成される本書は、後半で海外旅行に焦点を当てている。第三三課は「空港からの出発」で、最終課は「リオのカーニバル」である。語学書は大衆海外旅行のために刊行されたのである。

当時の主流新聞・雑誌を見れば、このような外国語学習ブームの動向はさらに確認することができる。「ベルリッツでの出来事」(一九五四年二月『ハーパーズ』)、「語学ブーム、ベルリッツによると」(一九五五年一月一九日『ワシントン・ポスト』)、「新しい旅行辞書で素敵な会話を」(一九五六年一月二九日『ワシントン・ポスト』)、「やあ!と言おう」(一九五九年八月二四日『タイム』)など、語学学習を促す記事が様々な媒体に掲載されていた。ホリデーは、海外旅行産業の提示する回路を使うことで、ブラジルの社会と文化への理解を深め、ホセとの異性愛を築こうとしているのである。

ここで注目したいのは、なぜホセを愛しているかをヒロインが語る際、「彼はフレンドリーで、例の赤に取りつかれていても、冗談を言ってそこから引っ張り上げてくれる」ため、ティファニーという消費空間に足を運ぶ必要がなくなったと、彼女が熱弁している箇所である(83 傍線筆者)。彼女は、共産主義を思わせる「赤」の対極に、資本主義に立脚した消費空間を置き、その上位審級にブラジルとの友好関係を想定している。村上春樹訳では「彼は私のことを思ってくれていて」と訳出されているこの一節で、「フレンドリー」という語が、原文ではイタリック体で強調されていることは決して見過ごしてはならない。アメリカ人がブラジルに寄せる関心の高まりは、決して物語のなかだけにとどまるものではないからだ。

物語が始まる前年の一九四二年一月一五日から二八日には、リオデジャネイロで「リオ会議」が開催された。真珠湾攻撃直後に召集されたこのパン・アメリカ的な外交会議は、枢軸国に対する連合国側の軍事的・外交的団結を固めるために開催された。会議の焦点はブラジル政府が、ナチスを筆頭とした枢軸国側に回るかどうかであった。最終的に、大陸の東海岸沿いを防衛するために、アメリカがブラジルに武器貸借を約束することで、アメリカ半球の相互防衛を諸国間で同意しあったというのが、この会議の大きな成果であった。『ティファニーで朝食を』は、このリオ会議の翌年に始まり、ホリデーとホセのロマンスを描き込んでいく。さらに付け加えておくならば、第二次世界大戦後、アメリカとブラジルの友好関係は、対枢軸国から、対共産圏に変換され継続されていく。共産圏と対峙する両国は、大戦直後の四七年に、米州相互援助条約（Inter-American Treaty of Reciprocal Assistance）、通称「リオ条約」を結ぶ。リオ条約は、アメリカ大陸の「平和と安全を保持し、同盟諸国間の友好関係（friendship）と近隣関係を強化する」ために締結され、「人権」「自由」「民主主義」「正義」「安全」の国際的な理解を得るために、共産圏の軍事行動に対して相互防衛を誓いあう条約であった。アメリカとブラジルの二国間の友好的な同盟関係が築き上げられていくプロセスは、ホリデーとホセのロマンスが国境を越えて展開していくプロセスそのものである。

ふたりのロマンスが意味するのは、これだけに留まらない。「旅行者」ホリデーと「外交官」ホセの唐突な出会いは、旅行産業と外交政治の出会いでもある。両者のつながりは、決して偶然ではない。ふたつの領域は、反共主義的な世界地図を共有し合っていたからだ。ここに一九五五年にアメリカ政府が発表した一枚の世界地図がある【122頁図2】。アメリカ政府はＮＡＴＯ、日米同盟、リオ条約など自由主義諸国間で締結された条約で構成される反共主義ネットワークを点と線で地図上に描き込んでいる。こうした戦略上「閉じた世界」と同じ図案を採択しているのが、他ならぬ航空産業であった。パンナム航空やトランス・ワールド航空が冷戦初期に雑誌等に頻繁に掲載していた就航路線地図は、この世界戦略図にきわめて酷似している【123頁図3】。クリストファー・エンディも指摘するように、戦後アメリカで登場した航空地図から共産圏への空路が脱落し続けていたならば（41）、それは航空産業が外交・軍事領域と反共思想を共有していたからに他ならない。外交と旅行が同一のプラットフォーム上で展開を見せるように、「外交官」ホセと「旅行者」ホリデーもまた自然と歩み寄っていくのである。

こうした軍事・産業・民間によるプラットフォームの共有は、冷戦時代のアメリカ政府が積極的に推し進めた政策である。そのつながりは、一九六一年のドワイト・アイゼンハワー大統領の退任演説で「軍産複合体制」として政府内部からも名指しされ問題視されるほど、強固な紐帯を保つものであった。第二次世界大戦後、民間人・知識人の文化交流が活性化すると、空港は自由主義諸国間をつなぐ中継地となっていった。カポーティ自身も、国務省が後押しした対外文化政策、ユダヤ系アメリカ人ジョージ・ガーシュインによる『ポーギーとベス』（*Porgy and Bess*）のソ連公演に同伴し、皮肉に満ちたルポルタージュを五六年に『詩神の声聞こゆ』（*The Muse Are Heard*）として出版している。アメリカの航空産業が敷設する空の路線が、世界を稠密なネットワークで覆い始めるのと並行して、第二次世界大戦直後に減少しかけたアメリカ軍基地の数も、朝鮮戦争を契機として再び上昇し始める。自由主義同盟国に設置された基地と基地は結ばれ、共産圏を封じ込めるためのグローバルな制空圏が形成されていくようになる。さらにこれらの基地もまた、「ヴォイス・オブ・アメリカ」「ラジオ・フリー・ヨーロッパ」「極東放送（ＦＥＮ）」などのラジオ番組発信基地となり、「アメリカ文化」と民主主義の精神を大衆に広めていく役割を担っていった。これらは軍事・産業・民間それぞれ個々の異なる出来事ではなく、大戦後にアメリカが覇権を形成していく過程で、同時進行していったのである。

アメリカ政府が試みたのは、これらの諸領域が利用するインフラを幾重にも重なり合わせ、空港や基地がもつ軍事的・政治的側面を表面上覆い隠すことであった。その意味で、アメリカ人旅行者ホリデーとブラジル人外交官ホセが出会い友好関係を結ぶという重層的な設定は、こうした冷戦の論理を、ロマンスという形で物語に翻案したものとして捉えなければならないのである。

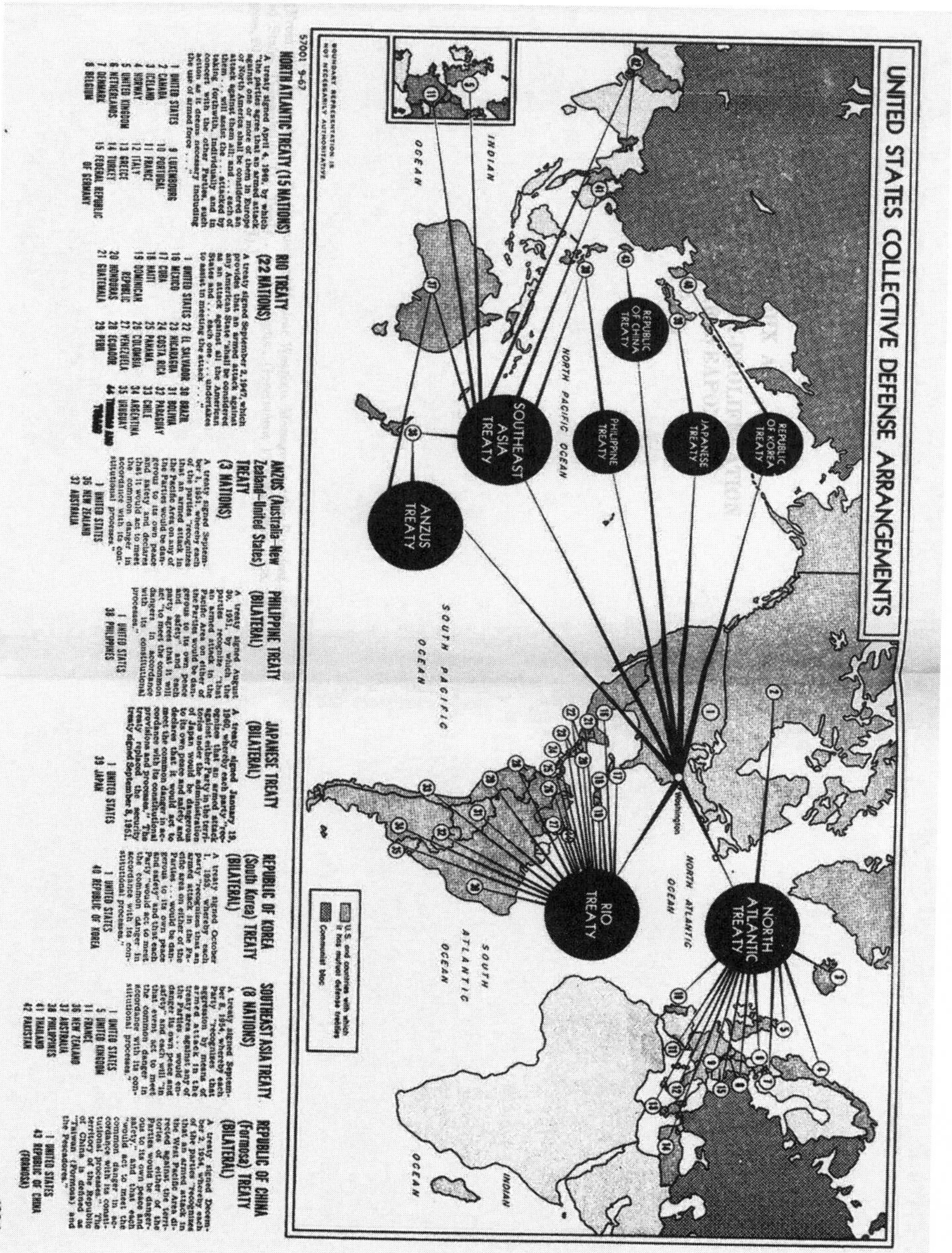

【図２】『国務省官報』1955 年 3 月 21 日号。

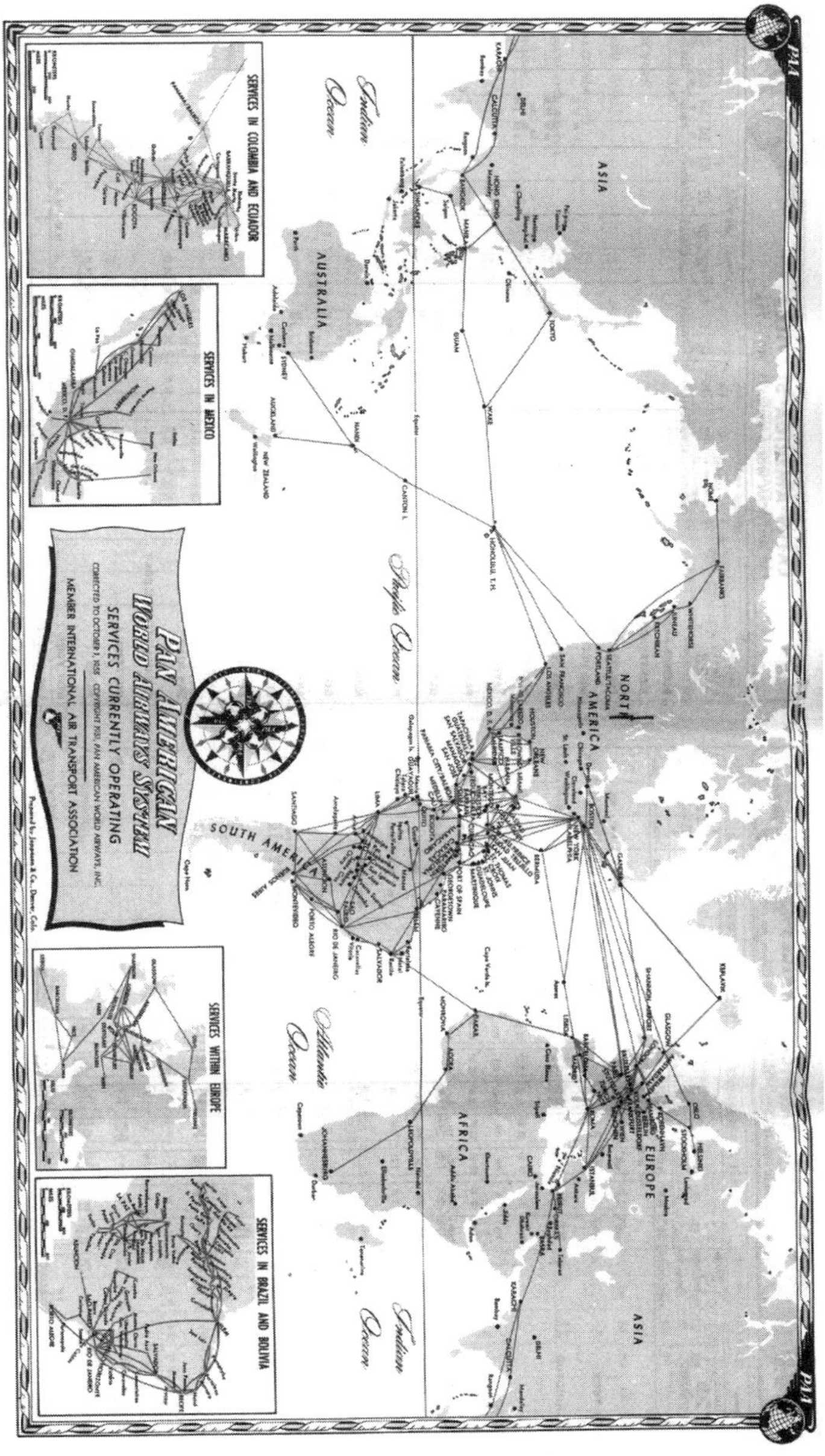

【図3】1955年、パンナム航空就航路線図。

3. ホリーのハリウッド

第二次世界大戦以降の外交政策や国際問題を踏まえている『ティファニーで朝食を』は、同時代におけるアメリカ国内の問題とも深く結びついている。自由主義諸国のグローバルな連帯は、同時にハリウッド・テンやマッカーシズムを筆頭とする反共主義運動をアメリカ国内で誘発していた。こうした冷戦初期の赤狩りの痕跡は、作中ホリデーが過去を執拗に否定しようとする場面に見て取ることができる。

語り手は、ある日、ホリデーの住むアパートにやってきた見知らぬ男性を「探偵」(65)ではないかと疑う。最終的に、彼は探偵ではなく、ホリデーの元夫ドク・ゴライトリーだと判明する。情報提供者ドクによれば、彼女は南部テキサス州出身であり、幼少期に孤児となり、放浪していたところをドクに発見された。その後、彼女はテキサスから飛び出し、本名ルラミー・バーンズを隠すためホリデー・ゴライトリーという偽名を使うようになる。彼女は、南部の経済的貧困の記憶と結びついた名前を強く否定しつつ、隠したい過去を「嫌ったらしい赤」と再び名づける(73)。

過去を隠蔽しようとするヒロインの身振りは、第二次世界大戦直後、赤狩り公聴会に出頭したハリウッド映画人の姿に重なりあって見えてくる。ここでハリウッドに言及したのは、単なる同時代性からだけではない。ヒロインがテキサスを離れて就いた職業が、ハリウッド映画女優だったからである。また作中で使われる愛称「ホリー」とは、言うまでもなくハリウッドの略称でもある。彼女が「赤」を否定する身振りは、戦前に強固であった左派労働組合とのつながりを否定し、転向した大戦後のハリウッド映画人の姿に近接している。

しかし、彼女が親密な関係を築くホセ以外のもうひとりの男性は、彼女が制度的イデオロギーに同一化し始める状況に疑念を投げかけてくる。その役割を担うのが、サルヴァトール・トマトというマフィアである。

ホリデーが、彼を訪ね刑務所に赴くのは「休日」ではなく、毎週「木曜日」と決められている。物語後半、マフィアの国際的な麻薬密売ルートが警察当局に明らかにされ、ホセとロマンスを結びかけていたホリデーは、関係者として逮捕される。この日の状況は、新聞・雑誌メディアの扇情的な報道を引用しながら、以下のように描かれている。

その夕方、『ジャーナル・アメリカン』紙の遅版の第一面をホリーの顔が飾り、『デイリー・ニュース』紙と『デイリー・ミラー』紙の早版もそれに続いた。その評判は、暴走した馬のこととは関係なかった。まったく別の事件に関係したもので、見出しにはこうあった。「麻薬スキャンダルでプレイガールが逮捕」（『ジャーナル・アメリカン』）、「麻薬密輸の女優が逮捕」（『デイリー・ニュース』）、「暴かれた麻薬組織、魅惑的な女性を拘束」（『デイリー・ミラー』）（89）

この引用部から始まりペーパーバック版で四ページにわたる報道記事の引用と羅列は、ハリウッド・テンからマッカーシズムに至る赤狩りメディア報道を、巧妙に模倣している。メディア報道は、ホリデーをプレイガールと麻薬常習者とハリウッド女優と評し、彼女を国家治安を脅かす他者として規定していく。この報道直後に、ブラジル人外交官ホセは一方的にホリデーとの婚約を解消する。それでもなおホリデーは「友人のためにはならない証言をするつもりはない」（103）と赤狩りに抵抗した映画人や知識人のように、サリー・トマトに不利な証言をすることを拒む。そして最終的に、彼女のアパートは警察・新聞記者・一般市民から「監視」（104）の対象となっていく。

赤に不安を覚え、消費主義に救済を求め、典型的なアメリカ人ツーリストになりきり、制度的異性愛を演じようとしたホリデーは、最終的にアメリカの国家治安を脅かす存在として認知されていく。ホリデーは、冷戦初期に制度化されつつあった文化的位相を様々な角度から実践しようとし、それらとの齟齬を徐々に表面化させていった存在として、語り手によって語り直されているのである。

4．アイドルワイルド空港からの離陸

映画版では、ホセと別れたホリデーが、男性の語り手と結ばれる結末が待っている。最終的に異性愛主義へと彼女を回収する映画版とは異なり、原作には続きがある。本章はこの結論部分に重要な意味を見出す。なぜなら排他主義に染まった都市から脱するため、最後にホリデーはアメリカを旅立つからである。

彼女は鼻をこすり、天井をじっと見上げていた。「今日は水曜日だったよね？　だから土曜日までは眠ろうと思う、静かに良い睡眠を取るわ。土曜日の朝に私はここから出て、銀行に行くつもり。そして、アパートによって、ナイトガウンとかそういうのや、マンボシェのドレスもとってくる。そのあとで、アイドルワイルド空港に向かう。そこでは、あなたもよく知ってるように、完璧に素晴らしい飛行機が、完璧に素晴らしく予約されている。あなたは私によくしてくれたから、見送りに来るのを許可するよ。頭をそんなに横に振るのをよしてくれない？」

「ホリー、ホリー。そんなことはできないよ」

「どうして？　あなたはそう思ってるのかもしれないけど、私はホセのあとを追いかけようっていうわ

けじゃないの。私の調査だと、ホセは地獄村の住民だからもう存在していないの。これだけのこと。つまり、どうして完璧な飛行機のチケットを無駄にしなくちゃならないの。支払い済みなのよ。それに私はまだブラジルに行ったことがないの」(101)

引用部では、これまで辿ってきた航空旅行言説がはっきり踏まえられている。さらに重要なのは、アイドルワイルド空港と空港名がはっきり明記されている点である。

現ケネディ国際空港の前身であるアイドルワイルド空港は、これまで論じてきた大戦直後の航空旅行産業の発展と不可分の関係にある。一九四二年、ゴルフコースに滑走路を敷設することによって誕生したアイドルワイルド空港は、リオ条約の締結にあわせるように、四八年より商業飛行を開始する。同年七月三一日には、ハリー・S・トルーマン大統領および、ニューヨーク州知事トマス・デューイの立会いのもと、大規模な開幕式が執り行われた。翌八月一日の『ニューヨーク・タイムズ』誌の朝刊は、この開幕式が同時代に与える外交政治的意義を、写真を交えながら一面で大々的に伝えている。その紙面に掲載されているトルーマン大統領の演説は、ホリデーと対照しながら、引用に値するものだ。

もちろん、われわれの近隣諸国を知る最良の方法は、彼らに会うことです。ご承知のとおり、飛行機のおかげで旅行は容易になり、目的地にすぐに到着することが可能になりました。私が幼少の頃、クリーブランド大統領がブラジルのリオデジャネイロに行くには約三週間かかりました。しかし、去年私はリオまで一八時間で飛んでいくことができました。私は飛行機のおかげで、他の国々を良く知ることができるようになった何千というアメリカ人のひとりにすぎません。毎年多くの世界中の旅行者が合衆国に来て、アメリカ人が何たるかを発見しています。アイドルワイルド空港は海外旅行を促進させ、平和を生み出す国際的理解を増進させるでしょう。われわれはこの飛行場をこうした重要な理由によっても歓迎します。(“Texts of Truman, Dewey, O'Dwyer Speeches”)

トルーマン大統領は、近隣諸国への移動が飛行機の発達によって格段に速くなったことを示す事例として、ヒロイン同様、リオデジャネイロという特定の都市を持ち出している。アイドルワイルド空港は海外旅行を促し、国際的な相互理解を深め、平和を達成するための拠点になるのだと大統領は高らかに宣言する。南北アメリカ大陸を飛行場のネットワークで結びつけることで、アメリカとラテン諸国のツーリストは結びつく。そうしたツーリストを介した親密な文化交流こそ、自由主義陣営の紐帯を国内外に指し示すことになる。トルーマン大統領のこの演説は、マーシャル・プランナーが試みた大衆旅行と外交政治を結びつける冷戦アメリカの覇権戦略そのものである。

一方でホリデーは、反共封じ込め政策に組み込まれていくことになるアイドルワイルド空港を、自らが国内でこうむった抑圧や排他主義から脱するという正反対の目的で利用している。それのみならず、リオデジャネイロに旅立った彼女は、その後ブラジルを離れアルゼンチンに移動したと語り手に葉書を送ってくる。くわえてこの報告の数年後には、大西洋を横断しアフリカに移動したかもしれないという可能性が語り手によって提示されて物語は閉じられる。そして本作は、冒頭部において語り手が、行方不明となったホリデーを懐古する場面に戻り、円環構造を結ぶ。

こうした語りの円環構造は、しばしば新批評と連動しながら、テクストの批評性の欠如を裏づけるものと見なされてきた。その後のカポーティ批評に決定的な影響力を与えることになったイーハブ・ハッサン『根源的な無垢』（*Radical Innocence*, 一九六一年）の『ティファニーで朝食を』評にはこうある――「『ティファニーで朝食を』の形式は完璧に近い。そこでは、速度があり、語りに刺激があり、冒頭の懐古的な眼差しから、最後のあいさつにいたるまで、一連の出来事は繊細かつしっかりと連鎖している。［中略］緊張感と抑制が保たれている」（254）。従来の批評家は、『ティファニーで朝食を』の形式を「完璧」と見なし、先行するカポーティ作品同様、そこに外部のない自閉した美学的な空間を読み取ってきた。そして、新批評が政治から距離をとる文学批評の枠組みであるという暗黙の前提から、『ティファニーで朝食を』までも非政治的であると同定してきた。『ティファニーで朝食を』と新批評のつながりは、両者の非政治性を裏づけるために相互補完的かつ循環論法的に、半世紀以上機能し続けてきたと言えるだろう。しかし、本作にあてがわれた「閉じた世界」とは、テクストの非政治性を訴えるための傍証として受け止めるべきではなく、これまで本章が同時代性として念頭に置いてきた、冷戦というもう一つの「閉じた世界」にこそ対置されるべきではないだろうか。

冷戦は、東西対立という二元論的な構造によって「閉じた世界」（ポール・N・エドワーズ）あるいは「封じ込めの文化」（アラン・ネイデル）を構成していた。第二次世界大戦後のアメリカは、共産圏を封じ込めるために、自由主義諸国を網目状に結んだグローバルな航空圏を発達させ、ラジオ等のメディアで世界を覆い尽くし、コンピューター・スクリーン内で軍事戦略の立案を行い、そして核戦争時におけるコミュニケーション手段としてインターネットのインフラを徐々に国内外に張り巡らせていった。それと同じように、『ティファニーで朝食を』もまた、国際航空や赤狩りなどの冷戦的記号群を取り込みつつ、ひとつの「閉じた世界」を組み立て上げようとしている。『ティファニーで朝食を』は物語的にも構造的にも、冷戦という「閉じた世界」を模倣している。

ここで忘れてならないのは、こうした「閉じた世界」において、ホリデーは語り手にとっても読者にとっても到達できない不在の中心であるということだ。本章が様々な角度から論じてきたように、物語はホリデーに関する多くの情報を書き記している。それにもかかわらず彼女は不在である。それは物語冒頭ではっきりと記されている。語り手は、バーのマスターであるジョー・ベルから受け渡されたマニラ封筒に入っている、日本人ユニオシが撮影した写真に写った、アフリカの木彫り人形の頭部から、ここにはいないホリデーを想起する。さらにその頭部の指示対象が、ホリデーであるという推測もとりたてて根拠がないものである。こうした補遺の連鎖を積み重ねても、彼女が不在であることに代わりはない。彼女が飛び立ったのは、アイドルワイルド空港だけではない。彼女は、語り手のもとを離れ、『ティファニーで朝食を』という文学テクストの「閉じた世界」、そして冷戦という「閉じた世界」の外部へと飛び立ち続けているのである。

さらにホリデーは読者からも遠く離れている。本作を読み進めていくなかで私たちは、彼女との埋めがたい距離に直面し続けることになる。米ソ冷戦以降の時代を生きる私たちに託されているのは、残された語り手と同じく、「かつて住んでいた場所がつねに引き戻してくる」(3) 歴史の磁場に吸い寄せられながら、それぞれの「冷戦」を語り出していくことである。そしてそれは、一枚のカードからでも、歌の一節からでも、紡ぎ始めることが可能なのである。

第六章

使用可能な未来

――未来学の編成とポスト冷戦の構想――

「未来主義は死んだ」――二〇〇三年、テックカルチャーの金字塔的雑誌『ワイアード』(*Wired*)は、こう題した記事を掲載し、未来学(futurology)という学問領域に向けて、以下のように別れの言葉を投げかけた。

世界未来学会(World Future Society［一九六六年創設］)の会長がちょっとした予測を依頼されてまごついているのですから、［未来学が］全体として困難な状況にあるのは明らかです。兆候があるだけではありません。どの大手の新聞も今年の世界未来学会の大会を取り上げませんでした。残すは『マニラ・タイムズ』と『シンシナティ・ビジネス新報』だけになりました。一〇年前と比べて学会の会員数は二〇パーセント減りました。レーガン政権以降、世界未来学会の一員がホワイトハウスに招かれることもなくなりました。こうしたリストはまだまだ続きます。アイザック・アシモフ、バックミンスター・フラー、アーサー・C・クラークが予言によってメディアの見出しを飾っていたような時代はとうに過ぎ去ってしまったのです。(Cristol 102)

未来学の凋落をこう概観したのちに、本誌の記者ホープ・クリストルは、学術的知見をもってすれば世界の行方を予測することができると主張していた、かつての未来学者たちは、二一世紀から振り返ってみれば、結局「ペテン」(102)であったと痛烈に批判した。

本章を、この記事の紹介から始めたのは、しばしば未来学に向けられてきた、この辛辣な評言を、改めてここで繰り返したいからではない[1]。第二次世界大戦以降のアメリカが、どのような知の枠組みによって支えられていたかを解明しようとしてきた本書にとって、この懐古的な証言のなかで語られている内容そのものが、じつに有益な視座を与えてくれると考えるからである。『ワイアード』誌はここで、この学問領域を、一九六〇年代半ばから七〇年代のアメリカで旋風を巻き起こし、八〇年代に入る頃には下火になり始めていった、期間限定の学知として論じている。この記述を踏まえると、私たちは、冷戦アメリカを駆動させていた学問領域のひとつに、未来学を新たに付け加えていくことができるようになるのではないだろうか。本章は、この仮説を多角的に検証していく試みである。

そのため、これから本論では、この学の編成に関わった主要なアクターとして、二〇〇〇年委員会（The Commission on the Year 2000, 一九六五年）、世界未来学会の機関誌『未来学者』（*The Futurist*, 一九六七年—）、アーサー・C・クラークとスタンリー・キューブリックの共作『二〇〇一年宇宙の旅』（*2001: A Space Odyssey*, 一九六八年）、そしてエドワード・コーニッシュ（Edward Cornish）の『未来の研究——明日の世界を理解し形成していくための芸術と科学入門』（*The Study of Future: An Introduction to the Art and Science of Understanding and Shaping Tomorrow's World*, 一九七七年）を取り上げ、これらの言説や表象が、どのような思考体系を協働的に生み出していたのかを分析していくこととなる。この議論を通じて私たちは、米ソ冷戦体制下のアメリカで隆盛を極めていた未来学とは、決して「ペテン」の一言で片づけられるようなものではなく、冷戦以降のアメリカの姿をいち早く構想していくために、必要不可欠な学知であったことを新たに把握していくこととなるだろう。

1．二〇〇〇年委員会発足

それでは、この学問が産声を上げようとした時代に立ち返ることから検証を始めていこう。

第二次世界大戦が終わり、ソ連との覇権争いを始めたアメリカでは、未来に対して暗澹たる空気が立ち込め始めていた。もしアメリカが共産化されたらどうなってしまうのか。ソ連から核弾頭が飛んで来たら、この国は壊滅してしまうのではないだろうか。ソ連が核実験と水爆実験を立て続けに行い、さらにアメリカに先立って人工衛星の打ち上げにも成功したことで、こうした憂慮は徐々に深まっていった。一九五〇年代のアメリカは、好景気で栄える一方、冷戦に負けてしまうのではないかという恐怖に苛まれ、「不安の時代」(Jessica Wang) へと突入していった（第一章参照）。

この終末論的ムードは、六〇年代にも引き継がれていく。六二年には米ソ全面核戦争の危機ともいわれたキューバ危機が勃発する。六四年には中国も初の核実験に成功する。そして六五年、アメリカはついにベトナム戦争へと本格的に介入することとなる。西側の資本主義陣営が勝つのか、それとも東側の社会主義陣営が勝つのか。それとも人類全体が破局してしまうのか。このように先行き不透明な状況が続くなか、アメリカでは、将来に対する不安感を解消してくれるような専門家の台頭が次第に望まれるようになっていった。未来学はこの期待に応えようとする機運のなかから立ち上がり始める。

口火を切ったのは、アメリカを代表する学術機関アメリカ芸術科学アカデミー (American Academy of Arts and Sciences) である。当団体は、このような激動する世界情勢を念頭においたとき、「未来を予測し、計画し、導き、「発明」していくための適切な機関」(17 引用符ママ) を創り上げていくことが、これからきわめて重要になってくるだろうと見込んだ。[2] なかでも一刻を争ったことは、「この一〇年の間に、数多くの手におえない問題に圧倒された」(17) ことで、アメリカの先行きに不安を抱え込んでしまった国民に対して、彼らが拠り所にできるような「代替的な未来 (alternative futures)」(63) を具体的に思い描き、提示していくという作業であった。ベトナム戦争介入と同年の一九六五年、本アカデミーは、二〇〇〇年委員会を発足させ、この国家的任務に乗り出していった。

この壮大なプロジェクトを推し進めていくため、この委員会には、アメリカの来し方について思索をめぐらせてきた学識者が、大学や関連機関から多数招集された。議長を務めたのは、コロンビア大学の社会学者ダニエル・ベルである。彼を筆頭にこの会議には、ランド研究所出身の軍事理論家ハーマン・カーン、文化人類学者マーガレット・ミード、精神病理学者エリック・エリクソン、音響心理学者ジョージ・アーミテージ・ミラー、生物学者エルンスト・マイヤー、法学者ユージン・ロストウ、政治学者サミュエル・ハンチントン、さらに社会学者のデイヴィッド・リースマンとダニエル・モイニハンといった錚々たる研究者が呼び集められた。(3) さらに、ＩＢＭやタイムといった大企業の研究員、国務省などの官僚も招かれ、本会議は最終的に総勢四二名で構成されることとなった。もちろん、この会議以前から、未来に対する憂慮を解消するために、何か手を打たなければいけないという切迫感は、戦後アメリカのなかでしばしば表明されていた。しかし、これほど大規模で学際的な会議は開催されたことがなく、二〇〇〇年委員会はまさに未来研究史における「ターニング・ポイント」(Wendell Bell 39) となった。彼らは、六五年一〇月二二日から二四日、翌年二月一一日から一二日の二回にわたって会合をもった。

それでは、この委員会が、専門知を総動員することで構想しようとした「代替的な未来」とは、どのようなものだったのだろうか。結論を先に言えば、それはアメリカが冷戦に勝利し、ポスト冷戦時代の世界を謳歌していくこととなる二一世紀のことを意味していた。現在入手できるようになっている、本会議の記録

『二〇〇〇年に向けて——途中報告』(*Toward the Year 2000: Work in Progress*) を頼りに、彼らの議論を追いかけ、その内容を具体的に確認していこう(4)。

まず会議に先立って議長ベルは、西暦二〇〇〇年のアメリカにどのような劇的な変化が起きているか、自らが打ち立てたいくつかの予測を、議論のたたき台として、参加者に投げかけている。そこで彼はまず、近い将来、テクノロジーが飛躍的に進歩すると強調している。その例としては、医療が発達し平均寿命が延びること、コンピューターが普及し生活が豊かになること、そして気象改変技術が誕生し地球環境が制御できるようになることを挙げている(5)。さらに、工業中心の社会が終わり、知識社会へと移り変わっていくことで、国家全体でイノベーションが起きやすくなるとも訴えている。さらに、民主主義の理念が広まることで、社会全体がより平等に近づいていくとも予言しながら、二一世紀のアメリカ国民がいかに素晴らしいライフスタイルを送れるようになるか、委員会全体でさらに多角的に考えていこうと提言している (4-6)。

もちろん、その後の議論のやり取りを細かく見ていくと、ベルの意見に賛同する者もいれば、自らの予想をさらに付け加えていく者もいる。なかには、彼の予測の実現可能性をめぐって、若干の留保を付け加える者もいる。しかし、興味深いことにその際、議場に集った有識者たちは、この輝かしい未来が到達するまでの三五年のあいだに、アメリカが核攻撃を受けて壊滅してしまう可能性や、ソ連に侵略されて共産化されてしまう危険性については、奇妙なまでに議論の矛先を向かわせようとしていないのである。二〇〇〇年委員会は、アメリカがソ連との覇権争いに勝ち抜くという半ば楽観的な前提のもとで討論を積み重ね、まだ見ぬ来世紀のアメリカのパノラマに、可能な限り具象的で明るい輪郭を与えようとしていたと言えるだろう。

このような楽観的な議論が可能だったのは、東側陣営は近いうちに崩壊するだろうという予見を、彼らが全体として共有していたからである。討議中、政治学者カール・ドイッチュは、共産主義諸国以外の経済成長率はこれからますます向上していくと指摘し、資本主義がこれからの世界のスタンダードになっていくと推論している（25）。また政治学者ズビグネフ・ブレジンスキーは、「予測不能で急激な事態に直面したとき、アメリカの政治システムのほうが容易に変化していくことができる」（36）と論じ、中央集権的で一党独裁的な体制をとっているソ連は、やがて時代の変化に適応できずに崩壊していくと見通している。

ハーマン・カーンも、このような分析に沿う形で、ソ連の今後の行方を占う三つのシナリオを紹介している。一つ目の「停滞するソビエト連邦（the Stagnating U.S.S.R.）」説は、第二次世界大戦以降、勢いを増していったソ連が、次第に周辺国からの期待に応えられなくなり、その勢力を弱めていくと予測するものである。二つ目の「退却し合併していくソ連（a retreating and consolidating Soviet Union）」説は、ソ連が東ヨーロッパの支配から手を引き、最終的にアメリカと提携していく可能性を示唆するものである。最後の「ケネディ化するソビエト連邦（the Kennedy U.S.S.R.）」説は、近い将来、ソ連の若者たちが、因習的な社会主義の体制に嫌気をさし、その打倒に向けて立ち上がっていくと予想するものである（329-30）。彼の展望のなかでは、どのルートをたどったとしても最終的に、ソ連は解体することになっている。

これらの分析を受けて、社会学者イシエル・デ・ソラ・プールは、「ここにいる誰もが、二〇〇〇年に米ソ対立が国際関係の主要な問題になっているなどとはまったく思っていない」（340）と端的にまとめあげている。この委員会は、社会科学の知見をもってすれば、冷戦がアメリカの勝利によって終わることは、ほぼ間違いないというコンセンサスを形成しようとしていたのである。

このように、二〇〇〇年委員会に集った研究者たちは、二一世紀の世界を、専門知を駆使して多角的に予測していくという体裁を取りながら、これから米ソがたどっていくことになる進路を明確に区分けしていた。そして、資本主義や民主主義の精神がこれからも疑われることなく順調に守られていけば、近い将来、ソ連は弱体化していき、アメリカは冷戦の覇者として来世紀を満喫していく可能性が高いというシナリオを協働的に制作していった。

しかし、重要な問題がこの先には立ちはだかっている。いくら学を総動員して、輝かしい三五年後のアメリカの生活を描いたとしても、それだけでは絵に描いた餅である。この未来像を、核とソ連の脅威に怯える国民に伝え、彼らの不安を解消し、さらにそれを現実のものとしてくためには、果たしてどうしたらよいのだろうか。

考えられるひとつの選択肢は、二〇〇〇年委員会が打ち立てたこのグランドデザインを、トップダウンで国民に向けて発表していくことである。しかし、この発想には危ういものがある。なぜならそれは、ユートピアの実現に向けて共産党主導で社会を統制していく東側陣営と、方法論的に似通ってしまうからである。それはともすれば、スターリンの五ヵ年計画に代表される、ソ連の政策が正しかったことを認めてしまうことにもなる。実際、委員会では、この点に関する懸念がしばしば表明されていた。彼らによれば、政府が一方的に国民に向かって長期計画を押し付けることは、「社会は様々な価値や考えや熱意や感情をもった多様な個人によって成り立っている」(37) ことを忘却するような反民主的なふるまいであり、国民の「選択の自由」(38) を奪うことになってしまう。これではアメリカ的価値観に反してしまうのである。

委員会最終日、議長ベルは、これから二〇〇〇年委員会は国民に向けてどのようなアクションを取っていくべきか、参加者に向けて熟慮を促している。その際、彼は、「中央集権化された官僚主義のように、すべてをトップダウンで行うべきではない」(357) と強調し、国民に対してどのようにアプローチを取っていくことが望ましいのか、時間の許す限り、識者たちと意見交換を行おうとした。しかし、アメリカが光り輝く「代替的な未来」を素描していくことに多くの時間を費やしてしまった二〇〇〇年委員会は、この課題に対しては具体案を明示することのできないまま、五日間の会期を終えることとなった。道半ばとなったベルは、委員会を以下の言葉で締めくくり、その志しを後継者へと託していった。

この集まりを、一九七六年委員会ではなく、二〇〇〇年委員会と命名した理由のひとつは、これから何が問題となってくるのかを、長期的視野で吟味しようとしていたからです。この探求を早まって打ち切ることなく、これからも続けていけば、私たちは皆、みずからが望むものを手にすることとなるでしょう。(365)

2.『未来学者』刊行

それから八ヵ月後の六六年一〇月、UPI通信社特派員のエドワード・コーニッシュは、二〇〇〇年委員会が積み残したこの課題に応える形で、世界未来学会を立ち上げた。この非営利団体の別名は、「代替的な未来を研究するための協会（An Association for the Study of Alternative Futures）」である。まさに米ソ冷戦に端を発する終末論を乗り越え、二一世紀の明るいアメリカの姿を、官公庁や大学だけでなく、民間の立場から幅広く構想していこうとした機関であった。

本学会が六七年に創刊し、未来学という名称を一気に広めることとなった『未来学者』（*The Futurist*）は、この考えにもとづいて生まれた隔月刊誌である【次頁図1】[6]。創刊号冒頭に掲載されている学会設立宣言には、明日のアメリカを、国民目線で構想し、作り上げていこうとする強い意気込みがにじみ出ている。それは以下の五つである。

1. 未来と、その研究の重要性について、筋の通った合理的な議論をしていくこと。特定のイデオロギーを主張したり、政治活動に与したりしないこと。
2. 未来について責任を持って真剣に探究していくこと。
3. 未来研究の方法論を、発展させ改良していくこと。
4. 未来に関わる活動や研究について、社会全体の理解を得ていくこと。
5. 未来を研究し計画することに興味のある組織と個人が、コミュニケーションを取り協力していくことを、促していくこと。（1,15）

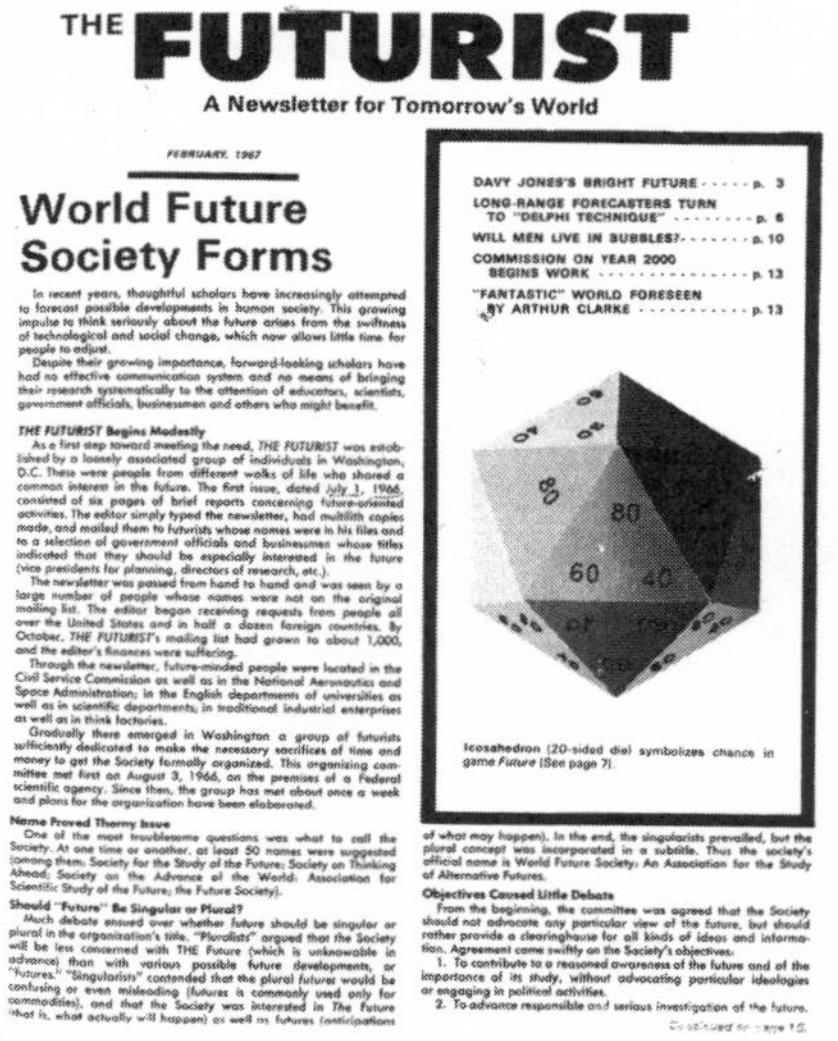

THE FUTURIST

A Newsletter for Tomorrow's World

FEBRUARY, 1967

World Future Society Forms

In recent years, thoughtful scholars have increasingly attempted to forecast possible developments in human society. This growing impulse to think seriously about the future arises from the swiftness of technological and social change, which now allows little time for people to adjust.

Despite their growing importance, forward-looking scholars have had no effective communication system and no means of bringing their research systematically to the attention of educators, scientists, government officials, businessmen and others who might benefit.

THE FUTURIST Begins Modestly

As a first step toward meeting the need, *THE FUTURIST* was established by a loosely associated group of individuals in Washington, D.C. These were people from different walks of life who shared a common interest in the future. The first issue, dated July 1, 1966, consisted of six pages of brief reports concerning future-oriented activities. The editor simply typed the newsletter, had multilith copies made, and mailed them to futurists whose names were in his files and to a selection of government officials and businessmen whose titles indicated that they should be especially interested in the future (vice presidents for planning, directors of research, etc.).

The newsletter was passed from hand to hand and was seen by a large number of people whose names were not on the original mailing list. The editor began receiving requests from people all over the United States and in half a dozen foreign countries. By October, *THE FUTURIST*'s mailing list had grown to about 1,000, and the editor's finances were suffering.

Through the newsletter, future-minded people were located in the Civil Service Commission as well as in the National Aeronautics and Space Administration; in the English departments of universities as well as in scientific departments; in traditional industrial enterprises as well as in think factories.

Gradually there emerged in Washington a group of futurists sufficiently dedicated to make the necessary sacrifices of time and money to get the Society formally organized. This organizing committee met first on August 3, 1966, on the premises of a Federal scientific agency. Since then, the group has met about once a week and plans for the organization have been elaborated.

Name Proved Thorny Issue

One of the most troublesome questions was what to call the Society. At one time or another, at least 50 names were suggested (among them: Society for the Study of the Future; Society on Thinking Ahead; Society on the Advance of the World; Association for Scientific Study of the Future; the Future Society).

Should "Future" Be Singular or Plural?

Much debate ensued over whether *future* should be singular or plural in the organization's title. "Pluralists" argued that the Society will be less concerned with THE Future (which is unknowable in advance) than with various possible future developments, or "futures." "Singularists" contended that the plural *futures* would be confusing or even misleading (*futures* is commonly used only for commodities), and that the Society was interested in *The Future* (that is, what actually will happen) as well as futures (anticipations of what may happen). In the end, the singularists prevailed, but the plural concept was incorporated in a subtitle. Thus the society's official name is World Future Society: An Association for the Study of Alternative Futures.

Objectives Caused Little Debate

From the beginning, the committee was agreed that the Society should not advocate any particular view of the future, but should rather provide a clearinghouse for all kinds of ideas and information. Agreement came swiftly on the Society's objectives.

1. To contribute to a reasoned awareness of the future and of the importance of its study, without advocating particular ideologies or engaging in political activities.
2. To advance responsible and serious investigation of the future.

Continued on page 15.

Icosahedron (20-sided die) symbolizes chance in game *Future* (See page 7).

【図1】『未来学者』創刊号。1967年2月号。

このマニフェストはまず、不確実性にあふれた未来に、真摯に向き合っていくためには、いかなる政治的な先入観からも離れた中立的な立場が必要であると訴えかける。そして、客観的な予測ができるようになるために、その方法論を模索し、確立していく必要があると主張する。最後に、これからの世界を作り上げていくためには、政府や専門家だけでなく、国民一人一人の意見が重要になってくると強調している。この最後の条項は、二〇〇〇年委員会が直面してしまった問題に対して、積極的に応答していこうとする決意の表れである。

さらにこの五ヵ条は、ソ連に対する強いメッセージともなりうる。「特定のイデオロギー」にもとづいて未来を計画していく組織とは、ソ連を念頭においたものだろう。実際、創刊号の別の箇所では、この宣言を補足するかたちで、「政府や産業が長期的な計画を立てていこうとすることは、合衆国では評判が悪いものでした。なぜならそれらは大衆の心のなかでは、いわゆる国家統制的な社会主義の最悪な面を連想させたからです」（Helmer 8）と付言されている。ソ連がプロパガンダなどを駆使しながらトップダウンで国民を動員し社会主義的な未来を計画していくのなら、アメリカは官民が手を取り合い、資本主義が繁栄する未来の姿を協働的に考案していく。世界未来学会は、このように二一世紀の制作方法をめぐって米ソの対立軸を作りだすことで、そこに自らの存在意義を位置づけようとしているのである。つまりこの学会設立宣言は言うなれば、未来学者からソ連へ向けられた知的宣戦布告であった。

一般市民と手を取り合いながら来るべき来世紀のアメリカをデザインしていこうという『未来学者』の方針は、その構成にも反映されている。一方で本誌には、学術的な知見にもとづいた硬めのレポートが掲載されている。実際、本誌創刊号には当時まだ出版されていなかった二〇〇〇年委員会の報告書が、いち早く掲載されている。その一方で、読者を予測の楽しさへといざなっていくような記事も多数所収されている。創刊号には、これからのアメリカの景色に思いをめぐらせていくうえでヒントとなるようなテレビ番組の告知、関連書籍の書評、さらにはボードゲームの紹介が、写真や図版を交えながら行われている。また、建築家バックミンスター・フラーが携わったモントリオール万国博覧会の報告、そしてSF作家アーサー・C・クラークが、一九七〇年から二一〇〇年までの科学技術の進歩を予測した年表も記載されている。本誌は、学術研究者による分析とともに、垣根の低いコンテンツを併記することで、専門家だけでなく一般読者も一体となって、二〇年後、三〇年後のアメリカについて夢を膨らませていくための創意工夫を凝らしている。

それでは専門家と市民をつなぐミドルブラウ的な立場を取ろうとした本誌は、読者にどのような未来を主体的に思い描かせようとしたのだろうか。もちろん、いくら国民には「選択の自由」があるとは言っても、東側の価値観やライフスタイルを賛美されては困る。二〇〇〇年委員会の路線を踏襲している本誌は、アメリカ的価値観が花開く二一世紀の世界を目に浮かべていくよう、読者の想像力が向かう先を巧みに誘導している。たとえば、『未来学者』には毎号のように、これからどのような発明品が生まれ、アメリカの生活がどのように豊かになっていくかを考えさせる記事が大量に並んでいる。クラークの年表を取り上げた創刊号以降、「立体テレビ」「九〇分で世界一周する旅客機」「電気自動車」などの到来が、順次取り上げられていった。たしかに、このようなガジェット予想は、一見すると現状のライフスタイルからかけ離れた大胆な提言に見える。しかし、こうした記事は、多くの場合、資本主義にもとづいた技術開発競争を産業間でこれまでどおり加速させていけば、科学技術は漸進的に進化し、その延長線上に今よりさらに快適な生活が待っているという、外挿法やムーアの法則に依拠した進歩史観によって成り立っている。その意味で、本誌を織りなすこうした数多くの予測記事は、現在のアメリカの既成的価値観を追認し、そこから逸脱しない二一世紀像を、読者の脳裏に浮かばせようとする保守性をあわせもっていた。

さらに、このような記事と並行して本誌には、読者の期待を満足させるかのように、東側陣営が敗北するシナリオも、二〇〇〇年委員会の議論をよりシンプルにした形で掲載されている。六七年四月号には、「一九九九年、ベルリン危機」(“The Berlin Crisis of 1999”)というセンセーショナルな分析が寄稿されている。そこには、二〇〇〇年の到来をまえに東ドイツ内で発生した市民暴動が国連軍によって制圧された結果、ソ連の支配力が弱体化し、冷戦が終結していくまでのプロセスが簡潔に明示されている。その次の号には、「一九七七年に共産主義者が世界を支配していることなどありえない」（"Planning For a World We Can't Foresee" 39）という予測が記されているし、六八年二月号には、あと三二年で「共産主義の活動は下火になるだろう」（"The Next 32 Years as Seen by Herman Kahn and the Hudson Institute" 3）というハーマン・カーンのシナリオも登場している。

このように『未来学者』を飾った記事を見ていくと、そこには基本的な筋書きがあったことが明らかとなる。それは現行のアメリカ的秩序や信条を疑わず、これからも維持し続けていけば、やがてアメリカは冷戦に勝利し、ひいては自由で豊かな素晴らしいミレニアムに到達することができるというものである。これは二〇〇〇年委員会が専門的な討議を積み重ねるなかで徐々に練り上げていった方向性に合致するものである。本誌はこのストーリーラインを遵守し、その範疇のなかで、いくつもの魅惑的な予測を行うことで、読者を二一世紀の世界へと手招きしていった。

そして最終的に本誌は、これから読者ひとりひとりが、これらの記事を導き糸としながら、新たな未来予想図を思い描いていくよう提言し、もし新しいアイデアが浮かんだ場合は、気兼ねなく学会まで送ってくるよう促していった（*The Futurist*, Feb. 1967, 15）。こうして国民が主体となって、二一世紀の世界を考案していくための、メディア環境が出来上がっていった。

ポスト冷戦時代に思いをはせようとする世界未来学会のこの試みは、国民の心を見事につかむこととなった。創刊当初は三四〇人だった学会の会員数は、わずか一年で千五百人に急増した。この活躍を高く評価されたコーニッシュは、七〇年にホワイトハウスに招かれ、アメリカの未来計画を策定するスタッフのひとりとして雇用されるようになり、世界未来学会はアメリカ政府のお墨付きを得た団体であるという認識が、国内に一気に広まっていった。翌年、ワシントンＤＣで初の学会が開催されたとき、参加者は一般市民を含め千人を超えるほどであった。

この成功に後押しされるように、六〇年代後半から七〇年代にかけて、未来志向の精神は、一気に民間に流入していくようになる。当時、本学会に類した団体は大小あわせて二三〇団体創設され、『未来学者』に類した雑誌は一〇〇冊以上刊行された。また、全米で六〇〇万部の売り上げをこえるベストセラーとなったアルヴィン・トフラーの『未来の衝撃』（*The Future Shock*, 一九七〇年）を筆頭に、この分野に関連した書籍や報告書は四〇〇冊以上出版された。さらに、映画は三五〇本以上公開され、ビデオカセットは三〇本、オーディオテープは六〇本、シミュレーションゲームは三〇個近く発売された（World Future Society, *The Future: A Guide to Information Sources 5*）。

社会主義国家ソ連ではなく、資本主義国家アメリカが先導していく二一世紀の光景を、「予測し、計画し、導き、「発明」」していくためには、トップダウンではなく、国民が主体的にこのプロジェクトに参加できるような体制を整えていかなければならない。二〇〇〇年委員会が投げかけたこの課題は、未来予測がこのように大衆化されていく過程で、徐々に乗り越えられていったのである。

3.『二〇〇一年宇宙の旅』公開

このように六〇年代半ば以降、未来学の知が編成されていくなかで、重要な役割を担っていったのがサイエンス・フィクションである。本章冒頭で記した『ワイアード』誌がアイザック・アシモフ、バックミンスター・フラー、アーサー・C・クラークという作家名とともに、この学問領域の来歴を回顧しているのはその表れのひとつである。アルヴィン・トフラーも、二〇〇〇年委員会が開かれた一九六五年に、このジャンルの意義を以下のように力説している。

サイエンス・フィクションは、文学の一分野として低く見積もられ、批評的にも無視されてきました。しかし、文学というより、未来に関する社会学と見なすことで、サイエンス・フィクションは、未来意識を育み、心を解き放つ計り知れない価値を持ってくることでしょう。子どもたちはアーサー・C・クラーク、ロバート・ハインライン、ウィリアム・テンを勉強するべきです。彼らが宇宙船やタイムマシンについて教えてくれるからではありません。より重要なのは、彼らが、若い精神を導いて、大人になったときに遭遇するであろう、政治的、社会的、心理的、倫理的諸問題のジャングルのなかを、想像の力によって探検させてくれるからです。（"The Future as a Way of Life" 114）

この学問領域が生成されていくダイナミズムを捉えるためには、未来学者たちによって評価されていた作家・作品にも目を配らなければならないだろう。なかでも、世界未来学会の会員でもあり、これまで何度か名前のあがってきたアーサー・C・クラークは決して無視することのできない作家である。彼がスタンリー・キューブリックと共作し、『未来学者』創刊の翌六八年に発表した『二〇〇一年宇宙の旅』は、これまで論じてきた未来主義的思考と、どのように絡まり合っていたのだろうか。

この宇宙放浪記は、ふたりの作家の独創力のたまものと理解されることが多い。それは確かだろう。しかし一方で、制作過程において、未来学に関連する学者や機関が多数協力していたことも、見過ごしてはならない。ふたりは本作のシナリオを書き進めるにあたって、二〇〇〇年委員会のメンバーである人類学者マーガレット・ミードや、作家アイザック・アシモフら複数の学者や小説家と、これから訪れる世界の変動について意見交換を行なっている。また、国防総省、空軍、海軍研究局、気象庁、NASAといった政府関連機関、さらにプリンストン大学、イリノイ大学、カリフォルニア工科大学、アリゾナ大学、ミネソタ大学、ニューヨーク大学、ロンドン大学、マンチェスター大学といった高等教育機関から、ベル電話会社、IBM、ゼネラル・エレクトリック社、クライスラー社といったテック企業にも取材を行い、来るべき二〇〇一年がどのような世界になっているかを、可能な限り実証的に明らかにしようとした(アジェル 299-309)。

それでは、専門知を取り入れながら作られていったこの作品は、二一世紀をどのように描いているのだろうか。米ソ冷戦真っ盛りの時代に公開された『二〇〇一年宇宙の旅』は、宇宙空間におけるソ連との軍拡競争を主題化しても良かったはずである。あるいは、先行する五〇年代SFに倣って、火星人(『宇宙戦争』)や吸血エイリアン(『遊星よりの物体X』(*The Thing from Another World*))を、ソ連の暗喩として登場させることもできたはずである。しかし、地球外生命体の調査のために、スペース・フロンティアを突き進んでいくこの物語で描かれるのは、静寂に包まれた宇宙空間で、宇宙食やテレビ電話を満喫しているアメリカ人宇宙飛行士たちの近未来的な生活様式である。ここに冷戦の影は見えない。核兵器への言及がわずかにある小説版においても、ロシア人天文学者ジミトリはアメリカの「最高の友人」(56)として登場するし、映画版ではアメリカが他国と戦争中であるという情報は明示されていない。[7]

米ソ対立を取り上げる代わりに、クラークとキューブリックがメインプロットに据えたのが人間とAIの対立である。アメリカ人ボーマン船長らが乗り込み、木星(小説では土星)へと向かっていくディスカバリー号は、IBM社製の人工知能HAL九〇〇〇で制御されており、すべての判断はコンピューターの処理に委ねられている。この物語は、自らの性能や合理性を微塵も疑わないコンピューターHALに、ボーマン船長が疑いを挟み、暴走したHALの中心部「論理記憶センター」を停止していくまでのプロセスを淡々とたどっていく。本作は、ソ連との覇権争いではなく、人間とＡＩの葛藤をどう乗り越えるかという科学技術的な問題を前景化している。逆にいえば本作は、二〇〇一年のアメリカは、もはやソ連との冷戦状態にはないことをほのめかしている。

ここでさらに注目すべきことがある。この物語は、ポスト冷戦時代に突入した二一世紀を描きつつ、そのような新たな世紀を主導しているのはアメリカになるであろうと示唆しているのである。小説版では、宇宙飛行を続けるボーマン船長に対して、以下のような但し書きが添えられている。

> 彼は全人類の代表であるばかりではなく、数週間の彼の行動が未来を決定づけるのだ。歴史上、このような状況はなかった。彼は全人類の特命大使であり、また全権大使なのだ。（228）

クラークとキューブリックは、およそ三〇年後の世界を想像していくうえで、ボーマン船長を、ソ連を含んだ「全人類」を牽引する「特命大使」「全権大使」として造型している。米ソ対立以降の世界は、人類という名のもとに統合されていき、超大国アメリカはその行く末を決める責務を一手に引き受ける国家となっていく。これは二〇〇〇年委員会そして世界未来学会が、国民とともに「発明」しようとした、ポスト冷戦時代のアメリカ像と絶妙に響き合うものである。

もちろん、『二〇〇一年宇宙の旅』は、審美的で謎めいたモノリスや、サイケデリックな映像表現が登場し、体制的な文化コードから逸脱する側面もある。ただそれと同時に、公開直後に雑誌『未来学者』が評したように、本作は「これから到来する物事を自分好みに作り替えていく」（Prehoda 53）ことに成功した作品、言い換えれば、「代替的未来」を表象することに寄与した作品として、保守的な未来学界隈からも高く評価されていた。このSFは、米ソ対立以降のアメリカの姿を想像していこうという未来学的思考を物語化し、それを国民に伝達していく役割を担ったテクストであった。

4. ミネソタ州の高校生

未来学は、このようにサイエンス・フィクションを筆頭に、多様な文化領域と交差していくことで、その学問固有の思考体系を作り上げていった。そして、そのように生成されていった新たな知は、冷戦体制下の教育現場にも波及していくこととなった。

世界未来学会設立と同年の一九六六年にはさっそく、アルヴィン・トフラーがニューヨークのニュースクール大学にアメリカ初の未来学講座「社会的変化と未来」を開設している。先述したとおり、その後、アメリカでは一気にこの学問を謳う団体や書籍・映画等が大量に生まれ、二一世紀ブームが訪れるようになった。その勢いにおされ六年後の七三年には、全米の大学で三五〇から四〇〇近くの関連講座が開かれるようになった。また、この分野に関連する学位を授与するようになった大学は、六九年の段階ではわずか二校であったが、七八年には四五大学にまで急増した（Cornish 212, Wendell Bell 63）。さらに現職教員向けにワークショップも開催され、小学校、中学校、高校にも類似のカリキュラムが導入されていった。

教育にこの学問の知見を取り入れると、どのような効果が期待できるのか。一九七七年にエドワード・コーニッシュは、六〇年代半ばに胎動し始めた未来学の展開を総覧する意味で『未来の研究——明日の世界を理解し形成していくための芸術と科学入門』を刊行した。そしてそのなかで、この問いに答えるかたちで、ミネソタ州のとある高校生の声を取り上げている。その若者は、高校で未来学の授業を受けるまでは、「世界に終末が訪れるのではないかと思い悩む病に苦しんでおり、自分は未来を作り出すうえで重要な人間ではないと見なしていた」という。しかし、一年間、授業を受けたことで彼の心には劇的な変化があった。この高校生は授業を振り返って、こう総括している——「未来志向は、私に重要な意味をもつようになりました。避けられない細い道しか残されていないのではなく、私たちが選ぶことのできるたくさんの道があるということに、目を開かせてくれたのです」（Cornish 216）。

終末論を克服し、二一世紀の光り輝くアメリカの姿を官民一体となり多面的に思い描き、その実現に向けて突き進んでいく。一九六五年に二〇〇〇年委員会が打ち立てたこの国家プロジェクトは、雑誌『未来学者』や映画『二〇〇一年宇宙の旅』などの大衆文化領域を経由しつつ、各州の教育機関にまで波及していった。そして、中西部のひとりの若者の口から、自国の行く末について希望の言葉がついて出るようになったとき、ポスト冷戦時代を構想していこうとした未来学は、ついに冷戦アメリカ全体を支える知の枠組みとなったのである。

5. 新冷戦時代の未来主義

それでは、一九六〇年代半ばから七〇年代のアメリカをこれほどまでに席巻した未来学は、なぜ「死んだ」のだろうか。

ここまでの議論をふまえれば、この新興学問領域から人々が去っていった理由を、導き出すことはそれほど難しいことではない。社会主義への対抗言説になろうとしたこの学問が、冷戦の終了とともにその役割を終えたのは不思議なことではないからだ。また、冒頭で触れた『ワイアード』誌は、当時、未来学者たちが行なっていた数々のガジェット予想が、ふたを開けてみれば結果的に外れていたことが敗因であったと、皮肉を込めて指摘している。さらに、二〇〇〇年委員会で議長を務めたベルは、後年、白人男性が中心となって立ち上げようとしていた未来学は、二一世紀の世界を構想するという名目で、目の前で起きていた公民権運動やフェミニズム運動から現実逃避をしていたのだと、率直に反省している(xvii-xviii)。国内の文化抗争に対してはほぼ無為無策だったこの学者たちが、次第にその求心力を失っていったことは否定できないだろう。世界未来学会の会員数は、一九七九年の六万人をピークに下降し続けている。

しかし、冷戦末期から衰え始めていった未来学が、近年、中国の台頭とともに、再び息を吹き返し始めている兆候があることを、本章を終えるにあたって、最後に指摘しておきたい。

その萌芽は、二〇一一年一一月一七日に、第四四代アメリカ合衆国大統領バラク・オバマが発表した、新冷戦開始宣言のなかに見出すことができる。中国のグローバルな拡張に警告を放つとともに、環太平洋諸国間のパートナーシップを謳ったこの演説のなかで、オバマ大統領は、アメリカ的な価値観が世界を覆う未来像を世界に向けて、以下のように発信した。

歴史の流れというものは浮き沈みするものですが、時間をかけて間違いなくはっきり、ひとつの方向へと向かっているのです。自由な社会、自由な政府、自由な経済、自由な人々へと世界は移行しているのです。この場所で、そして世界中で、この理想を追い求めて立ち上がる人々に、未来はやってくるのです。

(“Remarks By President Obama to the Australian Parliament”)

アメリカは、自由を抑圧する国家に立ち向かい、リーダーとしてこれからの世界を作り上げていかなければならない。このような使命感に燃えて米中対立に挑もうとしたこの大統領の姿は、ソ連の台頭を封じ込めようとした冷戦戦士、そして六〇年代の未来学者と重なり合って見えてくる。

彼を引き受けて第四五代大統領に就任したドナルド・トランプも例外ではない。二〇一七年一月二〇日に行なった就任演説で、彼は、中国との貿易摩擦を念頭に置きながら、経済を立て直し新たな未来を創出していくことが、国家元首として自らに課せられた課題であると宣言している。

私たちは他国を豊かにしてきましたが、我が国の富や力や自信は地平線のかなたに消えてしまいました。ひとつまたひとつと工場は潰れ、我が国から去っていきました。何百万人というアメリ人労働者が取り残されていることなど考えもせずに去ったのです。中産階級の富が家から取り除かれ、世界中に再分配されたのです。しかし、これは過去のことです。私たちはいま未来だけを見つめています。今日ここに集まったのは、新しい布告を出すためです。それは今日から、すべての都市、諸外国の首都、権力のあるあらゆる回廊に響き渡るものでしょう。今日からこの土地を支配する新しいヴィジョンです。それはアメリカ・ファーストとなっていくものです。アメリカ・ファーストです。（"The Inauguration of the 45th President of the United States"）

さらに、この演説から四年。新型コロナウイルスが猛威を振るうなかで行われた大統領選挙の結果、第四六代大統領としてジョー・バイデンが新たに選出された。二〇二一年一月二〇日の就任式当日、議会議事堂の演壇に立った彼は、これからともに「アメリカの未来」を生み出していこうと、国民に向かって呼びかけた。

生存をかけた悲鳴がこの惑星から聞こえています。これ以上ないほど必死で、はっきりとした悲鳴です。政治的な過激主義、白人至上主義、国内のテロ活動、私たちはこれらに立ち向かわなければなりませんし、これらを打倒していくつもりです。こうした課題を乗り越え、アメリカの魂を再生し、アメリカの未来を手にするためには、言葉より必要なことがあります。民主主義においてもっとも捉えどころのないもの、結束、結束です。("Inaugural Address by President Joseph R. Biden, Jr.")

この未来主義的な一節は、一義的には、前任者によって分断されてしまった国内の立て直しをはかろうとするものである。同時にこの演説は、民主主義国家アメリカの姿を、二〇二〇年代の国際社会に向けて印象づけることで、「世界を導く灯台(a beacon to the world)」として、これから中国に対峙していこうという強い決意の表れでもあった。(8)

無論、ここで名前をあげた三名の大統領は、民主党と共和党、保守とリベラルといった立場の違いがある。しかし彼らは、中国問題に対処しなければならない、新冷戦時代のアメリカ大統領という共通点もある。GDP世界第二位を誇るアジアの社会主義国家と、真正面から対決を迫られている彼らは、未来という概念を打ち出すことで、そこに自由主義、資本主義、民主主義の理念が繁栄していく情景を重ね合わせていく。この言辞は、過去と決別し新大陸にわたってきたアメリカが、建国以来繰り返してきたある種の定型表現という見方も可能ではあるが、現代アメリカの政治言説を規定するひとつの思考系として、注目に値することもまた確かであろう。

一九六〇年代に活躍した未来学者たちは、二〇〇〇年を迎えるまでにソ連は弱体化し、アメリカは冷戦に勝利するという物語を、国民とともに共作していった。たしかに、米ソ冷戦の終わりとともに、この学問に託された役目はひとつの区切りを迎えただろう。しかし、一九六〇年代に醸成された未来志向の精神は、こんにちの大統領の演説のなかに回帰し、アメリカを突き動かす原動力となり始めている。今後この芽は、大学や企業や文化領域に広まり、さらに大きく花開いていくのだろうか。そして、新冷戦に対応した、新たな未来学を立ち上げる運動へとつながっていくのだろうか。その答えは、そう遠くない未来に明らかとなるだろう。

終章
世界に広がるアメリカの学術研究

一九四八年にホワイトハウスで撮影された、一枚の印象的な写真に目を向けることから始まった本書の議論も、いよいよひとつの区切りを迎えようとしている。ここまで私は、ヴァネヴァー・ブッシュとジェイムズ・コナント、そして彼らに導かれた諸学問領域の研究者たちが、冷戦というパラダイムを立ち上げていくうえで、どのような役割を果たしていたのかを多角的に分析してきた。その際、同時代の文学・文化領域も視野に入れることで、米ソ対立構造が形作られていくプロセスを、より複眼的な視点から捉えていくことができたはずである。各章において、学問領域そのものへの言及は、濃淡をもって示すこととなったが、そこで一貫して見定めようとしてきたのは、文化と研究が協働しながら、冷戦アメリカを立ち上げていくダイナミズムであった。

しかし、ここで議論を締めくくってしまうわけにはいかない。第二次世界大戦後の高等教育で勃興した学問領域が、ある種の説得力を帯びて、ソ連との戦いを実体化させていたのだとしたら、そのような認識論的な枠組みは、自由主義を標榜する同盟諸国とも共有されなければならなかったはずである。アメリカは国内で編成した学知を、日本を含めた諸外国にどのように広めていったのだろうか。こうしたインターナショナルな知の移動を促したプラットフォームとして、最後に着目しておきたいのが大学出版局である。

今一度、これまで論じてきた学問領域やそれに関連した刊行物を振り返ってみよう。すると、それらの研究成果が商業出版社のみならず、大学出版局からも刊行されていたことに気づかされる。メリトクラシーを唱えたジェイムズ・コナント『分断された世界における教育』（一九四八年）と、音響学に端緒をつけたハーヴァード大学音響心理学研究所の『補聴器』（一九四七年）はハーヴァード大学出版局から、ビート派と同時代にコロンビア大学にいた社会学者C・ライト・ミルズの『パワー・エリート』（*The Power Elite*, 一九五六年）はオクスフォード大学出版局のニューヨーク支社から出ている。ブラジル研究の代表的な成果のひとつ

T・リン・スミス『ブラジル――人民と制度』（*Brazil: People and Institutions*, 一九五四年）はルイジアナ大学出版局から刊行されている。さらに未来学を立ち上げた二〇〇〇年委員会のメンバーでもあったデイヴィッド・リースマンの『孤独な群衆』（*The Lonely Crowd*, 一九五〇年）と、ハーマン・カーンの『熱核戦争論』（*On Thermonuclear War*, 一九六〇年）はイェール大学出版局から刊行されている。第二次世界大戦後に諸学問領域が編成されていく過程には、大学出版局からその知見を広めていくという段階がしばしば埋め込まれている。

これはたんなる偶然だろうか。たしかに大学出版局という制度自体は、第二次世界大戦後に出来上がったわけではなく、一九世紀後半に研究大学が勃興していくなかで派生的に誕生したものである。ジョンズ・ホプキンズ大学出版局は、大学創設の八年後、一八七八年にすでに設立されている。ハーマン・カーンの書籍を刊行したイェール大学出版局、コナントの一連の研究を出版したハーヴァード大学出版局、ニュー・アメリカニストが拠点とするデューク大学出版局もまた、二〇世紀初頭に設立されている。大戦が終わる一九四五年までには、じつに四一の大学出版局がアメリカで運営されており、この仕組み自体が冷戦の産物であるとは言えない。しかし、各大学に併設されていたこれらの出版局は、二〇世紀半ばまで、必ずしも充分な連携体制を取っていたわけではないことにも、同時に留意しておかなければならない(1)。

大学出版局の社会的位置づけが向上したのは、第二次世界大戦直後、反共主義の一環として、学術研究に対する国家的支援が手厚くなり始めた頃からである。各大学の出版局を統括するために一九三七年に誕生していたアメリカ大学出版協会（Association of American University Presses）が、協会規定を公的に定め、初めての全国大会を実施したのは、一九四六年のことである。これは、ハーヴァード大学学長コナントがメリトクラシーを展開し、音響学という学問領域が生まれ、超心理学者ラインがテレパシー実験をデューク大学で本格化させ、地域研究を支えた海外旅行雑誌『ホリデー』が刊行され、未来学の源流のひとつであるランド研究所が誕生したのと、同年の出来事である。本協会は、アメリカ国内で学の再編が起きるのを横目に、一気にみずからの組織改革に乗り出していったのである。

一九四八年、本協会はこうした社会からの期待に応えていくため、全米に点在している大学出版局の全容を網羅的に把握する、本格的な調査に乗りだしていった。その中心を担ったイェール大学出版局のチェスター・カー（Chester Kerr）は、ロックフェラー財団からの資金援助のもと、全米三五の大学出版局に対するアンケート調査等を行い、四九年にその結果を『アメリカ大学出版局についての報告書』（*A Report on American University Presses*）として刊行した。

学術出版の企画・校正・流通において、必要となる人員・経費等を詳細かつ体系的にまとめた本報告書は、一見すると味気のない三〇〇頁ほどの報告書に見える。しかし、そのなかで彼が、大学出版局の存在意義を以下のように力説している箇所を、私たちは読み流してすませることはできない。

世界の偉大な国家間でコミュニケーションの道筋が開かれるとしたら、大学出版局はそのプロセスの一端を担っていくことでしょう。［アメリカ原子力委員会会長］デビッド・リリエンソールが原子力に関する知を公開することで勝利を収めていくのでしたら、大学出版局はその知を広めることに間違いなく貢献していくことでしょう。合衆国、そして今やほぼ同じ意味で、世界の情勢について語る場合、大学出版局の責務について触れないわけにはいかないでしょう。学者が引きこもり生活をやめるとしたら――そして、そうした証拠はすでに十分あるのですが――出版社もそうなのです。（54）

ここでカーは、原子力に関する知識や技術を、同盟諸国のあいだに広めていこうとした科学者リリエンソールを引き合いに出しながら、アメリカの研究機関で生産された専門知を国内外問わず普及させていく重要な役割を、これから大学出版局は担っていかなければならないという、強い意気込みを語っている。彼のこの提言は、同盟国とのコミュニケーションを活性化することで、ソ連の台頭を封じ込めようとした冷戦外交政策の、アカデミズム版として捉えていくことができる。

この引用部で彼が、大学出版局から発刊される研究書の宛先を「世界」と定めているのは、決して誇張ではない。それは、彼のキャリアに深く関わっている。彼は、第二次世界大戦中にプロパガンダ政策を担った戦時情報局（Office of War Information）の図書課長であり、大戦後に本局が解体された際には、国務省内にアメリカ広報文化交流局（United States Information Services）を設置した人物のひとりであった。アメリカが標榜する自由主義・民主主義の理念を、世界各国に宣伝する業務を請け負った本部局は、一九五三年までに世界七六ヵ国に進出していき、アメリカと同盟国をつなぐ文字どおりの窓口となっていった（渡辺 49）。カーは、大学出版局という制度をフル活用することで、戦後アメリカで生み出された学術研究の最先端の成果を、世界中に行き渡らせていこうとしたのである。

それでは、ここまで本書が扱ってきた諸学問領域は、この七六ヵ国でどのように受容されていたのだろうか。ここで、この大きな問題を論じることは到底不可能であるが、そのうちのひとつの事例として日本に目を向けてみたい。本邦の場合、アメリカ広報文化交流局は、全国一三都市に設置されたアメリカ文化センター（現アメリカン・センター）内に設置され、そこからアメリカの社会や文化や学術の様子が次々と紹介されていった。残念ながら、大学出版局から刊行された学術書が、どの程度、本施設で閲覧可能だったのかは、当センターの解体によって、当時の蔵書が各地域の公立図書館ならびに大学図書館に散逸したため、その全容を現時点で捉えることは難しい（宮田 106）。

しかし、どのような学術出版物が戦後の我が国に届いていたのかを推測できる資料がある。当センターは一九五五年から六二年のあいだ、毎月、アメリカの研究論文を翻訳紹介する雑誌『アメリカーナ』を刊行していたからである。そして興味深いことに、本誌においてアメリカ最新の学術研究として紹介されている内容と、本書がこれまで取り上げてきた学問領域には、見過ごすことのできない一致が見られるのである。

本誌で紹介されている研究者や論文は、以下のとおりである（関連する章を括弧内に記す）。まず、学術研究を国家プロジェクトの中心に据えたヴァネヴァー・ブッシュとジェイムズ・コナント（序章・一章）、音響学者ジョージ・アーミテージ・ミラーと封じ込め政策提唱者ジョージ・F・ケナン（二章）、聴覚文化研究者ウォルター・オング（三章）、「軍内部における心理学研究」や「アメリカにおける心理学の動向」と題された心理学研究（四章）、文化外交論者エドウィン・ライシャワーとジェームズ・ウィリアム・フルブライト（五章）、そして未来学に貢献したダニエル・ベルとデイヴィッド・リースマン（六章）である。(2)

これは本誌に掲載された翻訳論説の一部ではあるが、ここまで本書が論じてきた学知が、決してアメリカ国内だけでなく、アメリカ文化センターをハブとして、同時代の日本にも伝わっていたことを示唆するものである。戦後アメリカで編成された学問領域は、大学出版局とアメリカ広報文化交流局を経て国外へと流通していき、同盟諸国の国民の思考体系までをも規定していったのではないだろうか。現時点でこうした大きな見取り図を消し去ることはできない。

このように大戦後のアメリカで生み出された知が、グローバルに拡散していく様子の一端を見ていくと、いくつかの疑念が新たに湧いてくる。戦後の世界がアメリカ化していったのは、諸外国の一般市民がアメリカ文化を歓迎したからだけではなく、研究者たちがアメリカ発の専門知や技術を、このような回路を通じて受け入れていったからではないだろうか。さらに、こんにち世界の研究者が、アメリカの大学出版局から刊行される書物に対してある種の権威を感じ取り、それに積極的に立脚しようしていくのは、冷戦時代のアメリカ政府が後押ししていった、こうした知の輸出戦略のひとつの遺産なのではないだろうか。そして、このようにアカデミズムの方向から、世界的な覇権を築き上げていくことこそ、トルーマン大統領とヴァネヴァー・ブッシュとジェイムズ・コナントが、笑顔の裏で虎視眈々と目指していたものだったのではないだろうか。

もちろん、これらの新たな問いに対して、現在、明確な回答が用意されているわけではない。これらの謎をひとつひとつ紐解いていくためには、本書が試みたように、まず今、私たちの目の前にある学問領域や学術研究の仕組みを、所与のものとして受け取ることをいったん保留し、それがいかなる人と機関と言説と表象のネットワークのなかから立ち上がってきたのかを、丁寧に見つめ直すことから始めていかなければならない。今後、私たちはこの作業を進めていくなかで、自らが拠り所とする学術的な知や制度の源流が、冷戦初期のアメリカにあることを、何度も痛感させられていくこととなるだろう。しかし、こうした学術史的な課題に真正面から対峙していかない限り、二一世紀の世界は、冷戦アメリカの影から、そして一九四八年五月二七日のホワイトハウスの執務室のなかから、抜け出していくことはできないだろう。この未完のプロジェクトを開始するための歩みを踏み出していくことができるかどうか。私たちは今、ひとりひとりがその覚悟を問われている。

註

序章

（1）一九四〇年にローズヴェルト大統領は、原爆などの軍事研究を、大学と共同で実施していく政府機関として国防研究委員会を立ち上げ、ブッシュをその委員長に、コナントをその構成員に加えた。翌年、本委員会はより大きな組織である科学研究開発局（四一年設立）の管理下に入った。そこではブッシュが長官を、コナントが長官代理を務めた。これにより核開発におけるブッシュ―コナント体制が確立した。詳細については Richard Rhodes を参照のこと。

（2）ブッシュとコナントは、マンハッタン計画を監督する軍事政策委員会の委員長（ブッシュ）と副委員長（コナント）に大統領によって任命された。これにより彼らはグローヴスと並んで、本計画を統括する公的な立場を得た。

（3）社会科学に関しては、Ron Robin, *The Making of the Cold War Enemy: Culture and Politics in the Military-Intellectual Complex* (Princeton UP, 2001)、ソ連研究に関しては David C. Engerman, *Know Your Enemy: The Rise and Fall of America's Soviet Experts* (Oxford UP, 2009)、地理学に関しては Matthew Farish, *The Contours of America's Cold War* (U of Minnesota P, 2010) などがそれぞれ異なる角度から論じている。冷戦初期の文学研究とりわけ新批評の位置づけについては、Gerald Graff, *Professing Literature: An Institutional History* (U of Chicago P, 1987)、Mark Jancovich, *The Cultural Politics of New Criticism* (Cambridge UP, 1993)、越智博美『モダニズムの南部的瞬間――アメリカ南部詩人と冷戦』（研究社、二〇一二年）を参照のこと。心理学・精神分析については、Kyle A. Courdileone, *Manhood and American Political Culture in the Cold War* (Routledge, 2005)。地球科学については Carl Romney, *Detecting the Bomb: The Role of Seismology in the Cold War* (New Academia, 2008) が有益。

（4）語源についてのさらに詳しい議論は、David R. Shumway and Ellen Messer-Davidow を参照。

（5）アメリカにおける研究大学の歴史、とりわけ第二次世界大戦後の変化については Hugh Davis Graham and Nancy

Diamond を参照のこと。ハーヴァード大学については Morton Keller and Phyllis Keller、デューク大学については Robert F. Durden、コロンビア大学については Robert A. McCaughey がそれぞれ第二次世界大戦後の躍進について論じている。またマサチューセッツ工科大学とスタンフォード大学については Stuart W. Leslie を参照のこと。

第一章

（1）『ダック・アンド・カヴァー』の製作過程や広報活動に関しては、専門サイト Conelrad に詳しい。
<http://www.conelrad.com/index.php>

第二章

（1）この数値の算出には、"Miraculous Instrument." *Time*, 8 Dec. 1947, p. 52; Howard A. Rusk, "Rehabilitation." *The New York Times*, 28 Apr. 1946, p. 32; Kenneth W. Berger. *The Hearing Aid: Its Operation and Development* (National Hearing Aid Society, 1970) を用いた。

（2）付言するとスタンリー・キューブリック監督の映画『ロリータ』（一九六二年）に登場するディックは補聴器を着用している。

（3）書誌情報は以下である。George W. Frankel. *Let's Hear It!: Confessions of a Hard of Hearing Doctor* (Stratford House, 1952); Matthew Mandl. *Hearing Aids: Their Use, Care and Repair* (Macmillan, 1953); W. Richards Miles. *4 Steps to Better Hearing* (Miles Publishing, 1954).

（4）ロイ・コーンはのちにドナルド・J・トランプの顧問弁護士となる。

第四章

（1）S. G. Soal, "Telepathy: A Man's Six Sense?" *The New York Times*, 11 Jun. 1950, p.155; "Atomic Age Science Debunks Ghost but Not Telepathy." *The Washington Post*, 22 Feb. 1952, p. 2; John Barkham, "Duke Researcher Extends Probe of Parapsychology." *The Washington Post*, 13 Dec. 1953, p.6.

（2）ＣＩＡのＥＳＰに関する文書は、一九七〇年代に機密解除されている。本文書は以下のサイトでも読むことができる。
<https://sm4csi.home.xs4all.nl/nwo/MindControl/amplified_mind_power_research_in_the_USSR.htm>

（3）ソ連の科学者によるテレパシー研究の詳細については、ベルナルド・カジンスキー『生物学的無線通信』（新水社、一九九〇年）ならびにレオニード・ワシリエフ『テレパシーの世界』（白揚社、一九七三年）を参照のこと。

（4）一九五三年七月二四日付けの、ユングに宛てた手紙のなかで、ラインはハクスリーを含めたカリフォルニアの催眠術研究に言及している（Jung, 126, n.1）。

第五章

（1）アメリカン・エクスプレスが冷戦初期の大衆文化に登場する例として、パトリシア・ハイスミスの小説『リプリー』（一九五五年）や、ビリー・ワイルダー監督の映画『麗しのサブリナ』（一九五四年）を挙げることができる。

（2）テオ・ポジーは第一次世界大戦後に渡米してきたフランス人である。移住後、食料品や電気事業で成功をおさめ、大戦中はフランスでアメリカ軍用のホテル経営を展開した。その縁でマーシャル・プランに携わることになった（Endy 45）。

（3）アメリカにおけるブラジル研究の展開については以下を参照のこと。Paulo Roberto de Almeida, "Trends, Perspectives, and Prospects." *Envisioning Brazil: A Guide to Brazilian Studies in the United States, 1945-2003*, edited by Marshall C. Eakin and Paulo Roberto de Almeida, U of Wisconsin P, 2005, pp. 3-29. ブラジル研究がアメリカ国内で制度化されたのは、テキサス

大学、ノースカロライナ大学、テュレーン大学、ヴァンダービルト大学にラテンアメリカ研究所が一斉に設立された一九四七年前後のことである。

第六章

（1）このような理解が一般化しているため、こんにち未来学はアカデミズムからもほとんど顧みられることがない。試しに英米文学文化研究の論文データベース（MLA International Bibliography）で "futurology" と検索してみると、この学問の名称をタイトルに据えた論考は、二〇〇〇年以降、SF論を中心にわずか一〇本しか記されていないことがわかる。アメリカ研究を代表する学術雑誌『アメリカン・クォータリー』にいたっては、その名を冠した論文をこれまで一度も掲載したことがない。筆者と問題意識を共有する近年の論者として例外的に、Lawrence R. Samuel, Kaya Tolon, Jenny Andersson を挙げることができる。

（2）以下、本節での引用は断りがない限り、二〇〇〇年委員会の議事録をまとめた Daniel Bell and Stephen R. Graubard, editors. *Toward the Year 2000: Work in Progress* (MIT Press, 1997) からのものである。本書には、この委員会を受けて識者がまとめた報告書も別途掲載されている。なお、議事録が最初におおやけにされたのは、アメリカ芸術科学アカデミーの機関誌『ダイダロス』（*Dædalus*）の一九六七年夏号である。

（3）ここで音響学者が登場することは意外に思われるかもしれないが、この学問は冷戦と密接に結びついていた。詳しくは第二章を参照のこと。

（4）第一回目の会合のテーマは "Baseline for the Future", "Alternative Futures", "Centralization and Decentralization", "The Need for Models" である。第二回目は "The Nature and Limitations of Forecasting", "Four Futures", "The Need for Normative Statements" である。すべての会合に全員が出席したわけではない。

（5）二〇世紀半ばのアメリカにおける気象改変技術の研究開発については、James Rodger Fleming, *Fixing the Sky: The*

Checked History of Weather and Climate Control (Columbia UP, 2010.『気象を操作したいと願った人間の歴史』鬼澤忍訳、紀伊國屋書店、二〇一二年)を参照のこと。

(6)未来学という名称自体は、ユダヤ系知識人オシップ・K・フレヒトハイム(Ossip K. Flechtheim)が一九四〇年代前半から使い始めていた。『オクスフォード英語辞典』(OED)はその初出を一九四六年としている。ただコーニッシュ自身は、一九六六年二月二五日号の『タイム』誌が掲載した記事「未来学者——西暦二〇〇〇年を見据える」("THE FUTURIST: Looking Toward A.D. 2000")から着想を得たと述懐している(https://medium.com/@wfs/the-search-for-foresight-how-the-futurist-was-born-part-1-bf3e8341d5b7)。本論も未来学という名称が人口に膾炙した、六〇年代以降の大きな動きに焦点をあてるものである。

(7)一方で小説版では、中国の覇権拡大が示唆されている。そのため本作を米中新冷戦小説と読み解くことも可能である。これについては稿を改めたい。

(8)一九七四年七月一五日号の『タイム』誌は、若くして上院議員に当選したジョー・バイデンを、「未来を創る二〇〇人」("200 Faces for the Future")に選出している。

終章

(1)アメリカの大学出版局の歴史については、Gene R. Hawes に詳しい。

(2)『アメリカーナ』で紹介されているその他の研究者は、文学研究者レスリー・フィードラー、リチャード・チェイス、ライオネル・トリリング、社会学者ネイサン・グレイザー、ウィリアム・H・ホワイト、政治学者リチャード・ホフスタッター、歴史家ダニエル・ブーアスティン、経済学者ジョン・ケネス・ガルブレイス、ミルトン・フリードマンなどである。本誌は現在、国会図書館においてデジタル化されている。

参考文献

※本書を執筆するにあたり、既訳がある場合は適宜参照した。引用する際には文脈に応じて、訳文に手を加えた箇所もある。

Abbott, Andrew. *Chaos of Disciplines*. U of Chicago P, 2001.

Almeida, Paulo Roberto de. “Trends, Perspectives, and Prospects.” *Envisioning Brazil: A Guide to Brazilian Studies in the United States, 1945-2003*, edited by Marshall C. Eakin and Paulo Roberto de Almeida, U of Wisconsin P, 2005, pp. 3-29.

Andersson, Jenny. *The Future of the World: Futurology, Futurists, and the Struggle for the Post-Cold War Imagination*. Oxford UP, 2018.

“Atomic Researchers Honored at the White House.” *The New York Times*, 28 May 1948, p. 11.

Becher, Tony, and Paul R. Trowler. *Academic Tribes and Territories: Intellectual Enquiry and the Cultures of Disciplines*. Open UP, 2001.

Becker, Patti Clayton. *Books and Libraries in American Society during World War II: Weapons in the War of Ideas*. Routledge, 2005.

Belgrad, Daniel. *The Culture of Spontaneity: Improvisation and the Arts in Postwar America*. U of Chicago P, 1998.

Bell, Daniel, and Stephen R. Graubard, editors. *Toward the Year 2000: Work in Progress*. 1967. MIT Press, 1997.（『西暦２０００年の世界と人類（Ⅰ・Ⅱ）』アメリカ科学文芸アカデミー編、日本生産性本部訳、日本生産性本部、一九六七年）

Bell, Wendell. *Foundations of Futures Studies: History, Purposes, and Knowledge*. Transaction Publishers, 2003.

Bender, Marylin, and Selig Altschul. *The Chosen Instrument: Pan Am, Juan Trippe, the Rise and Fall of an American Entrepreneur*.

Simon and Schuster, 1982.

Berger, Kenneth W. "Genealogy of the Words 'Audiology' and 'Audiologist'." *Journal of the American Audiology Society,* vol. 2, no. 2, 1976, pp. 38-44.

---. *The Hearing Aid: Its Operation and Development*. National Hearing Aid Society, 1970.

Berlitz Schools of Languages of America. *The Berlitz Self-Teacher: Portuguese*. Grosset & Dunlap, 1953.

Bibler, Michael P. "Making a Real Phony: Truman Capote's Queerly Southern Regionalism in *Breakfast at Tiffany's: A Short Novel and Three Stories*." *Just Below the South: Intercultural Performance in the Caribbean and the U.S. South*, edited by Jessica Adams, Michael P. Bibler, and Cécile Accilien, U of Virginia P, 2007, pp. 211-38.

Biden, Joseph, Jr. "Inaugural Address by President Joseph R. Biden, Jr." *whitehouse.gov,* https://www.whitehouse.gov/briefing-room/speeches-remarks/2021/01/20/inaugural-address-by-president-joseph-r-biden-jr/. Accessed 1. Apr. 2021.

Bloom, Harold, editor. *Truman Capote*. Chelsea House Publishers, 2003.

Booker, M. Keith. *Monsters, Mushroom Clouds, and the Cold War: American Science Fiction and the Roots of Postmodernism, 1946-1964*. Greenwood Press, 2001.

Boyer, Paul. *By the Bomb's Early Light: American Thought and Culture at the Dawn of the Atomic Age*. 1985. U of North Carolina P, 1994.

Brand, Stuart. "Spacewar: Fanatic Life and Symbolic Death Among the Computer Bums." *Rolling Stone*, 7 Dec. 1972, pp. 50-58.

Brean, Herbert. "THE 'HI-FI' BANDWAGON." *Life*, 15 Jun. 1953, pp. 146-48, 151-61.

Brookeman, Christopher. "Pencey Preppy: Cultural Codes in *The Catcher in the Rye*." *New Essays on The Catcher in the Rye*, edited by Jack Salzman, Cambridge UP, 1991, pp. 57-76.

Brown, Bill. "Science Fiction, the World's Fair, and the Prosthetics of Empire, 1910-1915." *Cultures of United States Imperialism*, edited by Amy Kaplan and Donald E. Pease, Duke UP, 1993, pp. 129-63.

Brown, JoAnne. "A is for Atom, B is for Bomb: Civil Defense in American Public Education, 1948-1963." *The Journal of American History*, vol. 75, no. 1, Jun. 1988, pp. 68-90.

Burroughs, William S. *Junky: The Definitive Text of "Junk"*. 1953. Penguin Books, 2003.（『ジャンキー』鮎川信夫訳、河出書房新社、二〇〇三年）

Buxbaum, Edwin C. "On Playing Music LOUD." *Saturday Review of Literature*, 25 Jun. 1949, p. 51.

Capote, Truman. *Breakfast at Tiffany's and Three Stories*. Vintage Books, 1993.（『ティファニーで朝食を』村上春樹訳、新潮社、二〇〇八年）

Chappell, Russell, and John A. Conway. "Hi-fi: The Sweet Smell of Profits." *Newsweek*. 29 Jul. 1957, pp. 69-71.

Charters, Ann, editor. *The Portable Beat Reader*. Penguin Books, 1992.

Chomsky, Noam, et al. *The Cold War and the University: Toward an Intellectual History of the Postwar Years*. The New Press, 1997.

Chrysler. *The American City Magazine*. Advertisement. Feb. 1952, p. 14.

Clarke, Arthur C. *2001: A Space Odyssey*. 1968. Roc, 2000.（『２００１年宇宙の旅――決定版』伊藤典夫訳、早川書房、一九九三年）

Clarke, Gerald. *Capote: A Biography*. Simon and Shuster, 1988.（『カポーティ』中野圭二訳、文藝春秋、一九九九年）

Conant, James Bryant. *Education in a Divided World: The Function of the Public Schools in Our Unique Society*. Harvard UP, 1948.

Conelrad. http://www.conelrad.com/index.php. Accessed 1 Apr. 2021.

Cornish, Edward. *The Study of the Future: An Introduction to the Art and Science of Understanding and Shaping Tomorrow's World*. World Future Society, 1977.

Cost, Jim. "Have Casket, Need Corpse." *High Fidelity*, Dec. 1958, pp. 43-44, 165.

Cristol, Hope. "Futurism is Dead." *Wired*, Dec. 2003, pp. 102, 107.

Davis, Hallowell. *Hearing Aid: Experimental Study of Design Objectives*. Harvard UP, 1947.

Davis, Tracy C. *States of Emergency: Cold War Nuclear Civil Defense*. Duke UP, 2007.

D'Emilio, John. "The Homosexual Menace: The Politics of Sexuality in the Cold War America." *Passion and Power: Sexuality in History,* edited by Kathy Peiss and Christina Simmons, Temple UP, 1989, pp. 226-40.

Durden, Robert F. *The Launching of Duke University, 1924-1949*. Duke UP, 1993.

Ebon, Martin. *Psychic Warfare: Threat or Illusion?* McGraw-Hill, 1983.（『サイキック・ウォー――恐怖のソビエト心霊兵器』近藤純夫訳、徳間書店、一九八四年）

"Editorial." *Holiday*, Mar. 1946, p. 3.

Educational Policies Commission. *Manpower and Education.* National Education Association of the United States, 1956.

Edwards, Paul N. *Closed World: Computers and the Politics of Disclosure in Cold War America*. MIT Press, 1996.（『クローズド・ワールド――コンピュータとアメリカの軍事戦略』深谷庄一監訳、日本評論社、二〇〇三年）

Elliot, Emory, editor. *Columbia Literary History of the United States*. Columbia UP, 1988.（『コロンビア米文学史』コロンビア米文学史翻訳刊行会訳、山口書店、一九九七年）

Endy, Christopher. *Cold War Holidays: American Tourism in France*. U of North Carolina P, 2004.

Esquire. Nov. 1958.

Farish Matthew. *The Contours of America's Cold War*. U of Minnesota P, 2010.

Federal Civil Defense Administration. *Civil Defense in Schools*. Government Printing Office, 1952.

---. *Home Protection Exercise*. Executive Office of the President, Office of Civil and Defense Mobilization, 1956.

Fousek, John. *To Lead the Free Nation: American Nationalism and the Cultural Roots of the Cold War.* U of North Carolina P, 2000.

Franklin, Bruce. *War Stars: The Superweapon and the American Imagination.* Oxford UP, 1988.（『最終兵器の夢――「平和のための戦争」とアメリカSFの想像力』上岡伸雄訳、岩波書店、二〇一一年）

Fried, Albert. *McCarthyism: The Great American Red Scare, A Documentary History.* Oxford UP, 1997.

Friedman, Andrea. "The Smearing of Joe McCarthy: The Lavender Scare, Gossip, and Cold War Politics" *American Quarterly*, vol. 54, no. 4, Dec. 2005, pp. 1105-29.

Gaddis, John Lewis. *Surprise, Security, and the American Experience.* Harvard UP, 2005.（『アメリカ外交の大戦略――先制・単独行動・覇権』赤木完爾訳、慶應義塾大学出版会、二〇〇六年）

---. *The United States and the Origins of the Cold War, 1941-1947.* Columbia UP, 1972.

Gardner, Martin. *Fads and Fallacies in the Name of Science.* Dover, 1957.（『奇妙な論理（Ⅰ・Ⅱ）』市場泰男訳、社会思想社、一九八九年・一九九二年）

Geiger, Roger L. *Research and Relevant Knowledge: American Research Universities Since World War II.* Routledge, 2017.

Gelber, Steven M. "Do-It-Yourself: Constructing, Repairing and Maintaining Domestic Masculinity." *American Quarterly*, vol. 49, no. 1, Mar. 1997, pp. 66-112.

Ginsberg, Allen. *Howl and Other Poems.* City Lights, 1956.（『吠える　その他の詩』柴田元幸訳、スイッチ・パブリッシング、二〇二〇年）

Gitlin, Todd. *The Sixties: Years of Hope, Days of Rage.* Bantam Books, 1987.（『60年代アメリカ――希望と怒りの日々』疋田三良・向井俊二訳、彩流社、一九九三年）

Gould, Stephen Jay. *The Mismeasure of Man.* W. W. Norton, 1981.（『人間の測りまちがい――差別の科学史（上下巻）』河出書房新社、二〇〇八年）

Graham, Hugh Davis, and Nancy Diamond. *The Rise of American Research Universities: Elites and Challengers in the Postwar Era*. Johns Hopkins UP, 1997.

Hartman, Andrew. *Education and the Cold War: The Battle for the American School*. Palgrave Macmillan. 2008.

Hassan, Ihab. *Radical Innocence: Studies in the Contemporary American Novel*. Princeton UP, 1961.（『根源的な無垢――現代アメリカ小説論』岩元巌訳、新潮社、一九七二年）

Hawes, Gene R. *To Advance Knowledge: A Handbook on American University Press Publishing*. American UP Services, 1967.

Herschbach, Lisa. "Prosthetic Reconstructions: Making the Industry, Re-making the Body, Modelling the Nation." *History Workshop Journal*, vol. 44, Autumn 1997, pp. 22-57.

Hershberg, James. *James B. Conant: Harvard to Hiroshima and the Making of the Nuclear Age*. Knopf, 1993.

Helmer, Olaf. "New Attitudes toward Future." *The Futurist,* Feb. 1967, p. 8.

Hilton, Stanley E. "Brazilian Diplomacy and the Washington-Rio de Janeiro 'Axis' during the World War II Era." *The Hispanic American Historical Review*, vol. 59, no. 2, May 1979, pp. 201-31.

---. "The United States, Brazil, and the Cold War, 1945-1960: End of the Special Relationship." *The Journal of American History*, vol. 68, no. 3, Dec. 1981, pp. 599-624.

Hixson, Walter L. *Parting the Curtain: Propaganda, Culture, and the Cold War, 1945-1961*. Palgrave Macmillan, 1997.

Hoover, John Edgar. "Let's Keep America Healthy." *The Journal of the American Medical Association*, vol. 144, no. 13, 25 Nov. 1950, pp. 1094-95.

Horn, Stacy. *Unbelievable: Investigations into Ghosts, Poltergeists, Telepathy, and Other Unseen Phenomena, from the Duke Parapsychology Laboratory*. Ecco, 2009.（『超常現象を科学にした男――J・B・ラインの挑戦』石川幹人監修、ナカイサヤカ訳、紀伊國屋書店、二〇一一年）

Howe, Irving. “Realities and Fictions.” *Partisan Review*, Winter 1959, pp. 130-36.

Huxley, Aldous. “A Case for ESP, PK, and PSI.” *Life*, 11 Jan. 1954, pp. 96-108.

Ian, Stevenson. “The Uncomfortable Facts about Extrasensory Perception.” *Harper’s*, July 1959, pp. 19-25.

Jones, R. Clark. “A Fifty Horsepower Siren.” *The Journal of the Acoustical Society of America*, vol.18, no. 2, Oct. 1946, pp. 371-87.

Jung, Carl. *Letters*. Edited by Gerhard Adler, vol. 2, Princeton UP, 1973.

Karabel, Jerome. *The Chosen: The Hidden History of Admission and Exclusion at Harvard, Yale, and Princeton*. Mariner Books, 2006.

Keightley, Keir. “‘Turn it down!’ She Shrieked: Gender, Domestic Space, and High Fidelity, 1948-59.”*Popular Music*, vol. 15, no. 2, May 1996, pp. 149-77.

Keller, Morton, and Phyllis Keller. *Making Harvard Modern: The Rise of America’s University*. Oxford UP, 2007.

Kennan, George. “The Sources of Soviet Conduct.” *Foreign Affairs*, July 1947. https://www.foreignaffairs.com/articles/russian-federation/1947-07-01/sources-soviet-conduct. Accessed 1 Apr. 2021.

Kerouac, Jack. “Belief & Technique for Modern Prose.” *The Portable Beat Reader*, edited by Ann Charters, Penguin Books, 1992, pp. 58-59.（「現代散文のための信念と技法」城戸朱理訳、『ビート読本』、思潮社、一九九二年、八八―八九頁）

---. “Essentials of Spontaneous Prose.” *The Portable Beat Reader*, edited by Ann Charters, Penguin Books, 1992, pp. 57-58.

---. *On the Road*. 1957. Penguin Books, 1976.（『オン・ザ・ロード』青山南訳、河出書房新社、二〇〇七年）

---. *Selected Letters, 1940-1956*, edited by Ann Charters, Penguin Books, 1995.

Kerr, Chester. *A Report on American University Presses*. The Association of American Presses, 1949.

Klein, Christina. *Cold War Orientalism: Asia in the Middlebrow Imagination, 1945-1961*. U of California P, 2003.

Kleinman, Daniel Lee. *Politics on the Endless Frontier: Postwar Research Policy in the United States*. Duke UP, 1995.

Krämer, Peter. *2001: A Space Odyssey*. British Film Institute, 2010.

Lasar, Matthew. *Pacifica Radio: The Rise of an Alternative Network.* Temple UP, 2000.
Lee, Martin A., and Bruce Shlain. *Acid Dreams: the CIA, LSD, and the Sixties Rebellion.* Grove Press, 1985.（『アシッド・ドリームズ――CIA、LSD、ヒッピー革命』越智道雄訳、第三書館、一九九二年）
Lemann, Nicholas. *The Big Test: The Secret History of the American Meritocracy.* Farrar, Straus and Giroux, 1999.（『ビッグ・テスト――アメリカの大学入試制度　知的エリート階級はいかにつくられたか』久野温穏訳、早川書房、二〇〇一年）
Leslie, Stuart W. *The Cold War and American Science: The Military-Industrial-Academic Complex at MIT and Stanford.* Columbia UP, 1993.（『米国の科学と軍産学複合体』豊島耕一・三好永作訳、緑風出版、二〇二一年）
Luckhurst, Roger. *The Invention of Telepathy: 1870-1901.* Oxford UP, 2002.
Mailer, Norman. *Advertisements for Myself.* Putnam, 1959.（『ぼく自身のための広告（上下巻）』山西英一訳、新潮社、一九六二年）
Marks, John. *The Search for the “Manchurian Candidate”: The CIA and Mind Control.* W. W. Norton, 1991.
Matthews, Melvin E, Jr. *Duck and Cover: Civil Defense Images in Film and Television from the Cold War to 9/11.* McFarland, 2012.
Maul, Ray C. “Are Schools Losing “Man” in Their Manpower?”” *School and Society,* 13 Jun. 1953, pp. 369-72.
McCaughey, Robert A. *Stand, Columbia: A History of Columbia University in the City of New York, 1754-2004.* Columbia UP, 2003.
McEnaney, Laura. *Civil Defense Begins at Home: Militarization Meets Everyday Life in the Fifties.* Princeton UP, 2000.
Menand, Louis. *The Marketplace of Ideas: Reform and Resistance in the American University.* W. W. Norton, 2010.
“Miraculous Instrument.” *Time,* 8 Dec. 1947, p. 52.
Nabokov, Vladimir. *Lolita.* Penguin Books, 1955.（『ロリータ』若島正訳、新潮社、二〇〇六年）
Nadel, Alan. *Containment Culture: American Narratives, Postmodernism, and the Atomic Age.* Duke UP, 1995.
Nairn, Allan. *The Reign of ETS: The Corporation That Makes up Minds.* Ralph Nader, 1980.

Obama, Barack. "Remarks by President Obama to the Australian Parliament." 17 Nov. 2011. *obamawhitehouse.archives.gov,* https://obamawhitehouse.archives.gov/the-press-office/2011/11/17/remarks-president-obama-australian-parliament. Accessed 1 Apr. 2021.

Ong, Walter. *Orality and Literacy: The Technologizing of the Word*. Routledge, 1982.（『声の文化と文字の文化』桜井直文・林正寛・糟谷啓介訳、藤原書店、一九九一年）

"'Outmoded' Fears Slow Aid to Deaf." *The New York Times*, 26 Sep. 1953, p. 19.

Pan American World Airways. "Pan American World Airways System." Map. 1955. *Amadeus.com*, https://amadeus.com/en/insights/blog/pan-ams-1955-world-airways-system-a-look-back-in-time. Accessed 1 Apr. 2021.

Pease, Donald E. "New Americanists: Revisionist Interventions into the Canon." *boundary 2*, vol. 17, no. 1, Spring 1990, pp. 1-37.

Perry, Paul, Ken Babbs, Michael Schwartz, and Neil Ortenberg. *On the Bus: The Complete Guide to the Legendary Trip of Ken Kesey and the Merry Pranksters and the Birth of Counterculture*. Thunder's Mouth Press, 1990.

Phillips, Lisa. *Beat Culture and the New America, 1950-1965*. Whitney Museum of American Art, 1995.

"Planning for a World We Can't Foresee." *The Futurist*, Jun. 1967, p. 39.

Plimpton, George. *Truman Capote: In Which Various Friends, Enemies, Acquaintances, and Detractors Recall His Turbulent Career*. Doubleday, 1997.（『トルーマン・カポーティ（上下巻）』野中邦子訳、新潮社、二〇〇六年）

Prehoda, Robert W. "2001: A Space Odyssey." *The Futurist*, Jun. 1968, pp. 52-53.

"Questionnaire." *High Fidelity*, Sep. 1955, pp. 16, 21.

"Records: Fall 1953." *The New York Times*, 22 Nov. 1953, Section 2, Part 2, p. 39-50.

Redfield, Robert. "Does America Need a Hearing Aid?" *The Saturday Review*, 26 Sep. 1953, pp. 11-12, 43-45.

Rhine, Joseph Banks. "Comments on 'Science and the Supernatural'." *Science*, vol. 123, no. 3184, 6 Jan. 1956, pp. 11-14.

---. *New World of the Mind*. William Sloan Associates, 1953.

---. *Telepathy and Human Personality*. Society for Psychical Research, 1951.

---. *The Reach of the Mind*. William Sloan Associates, 1947.

Rhodes, Richard. *The Making of the Atomic Bomb*. Simon and Schuster, 1986.（『原子爆弾の誕生（上下巻）』神沼二真・渋谷泰一訳、紀伊國屋書店、一九九五年）

Robin, Ron. *The Making of the Cold War Enemy: Culture and Politics in the Military-Intellectual Complex*. Princeton UP, 2001.

Rusk, Howard A. "Need for Tests and Service for Hard of Hearing Seen." *The New York Times*, 18 Jan. 1948, p. 36.

---. "Rehabilitation." *The New York Times*, 28 Apr. 1946, p. 32.

Salinger, J. D. *The Catcher in the Rye*. Little Brown, 1951.（『キャッチャー・イン・ザ・ライ』村上春樹訳、白水社、二〇〇六年。『ライ麦畑でつかまえて』野崎孝訳、白水社、一九八四年）

Samuel, Lawrence R. *Future: A Recent History*. U of Texas P, 2009.

"Saving the Silver Screen: 25 Films Added to National Film Registry." *Library of Congress*, www.loc.gov/loc/lcib/0502/nfr.html. Accessed 1 Apr. 2021.

Schrecker, Ellen W. *No Ivory Tower: McCarthyism and the Universities*. Oxford UP, 1986.

Science. vol. 123, no. 3184, 6 Jan. 1956, pp. 9-19.

Serlin, David. "Engineering Masculinity: Veterans and Prosthetics after World War Two." *Artificial Parts, Practical Live: Modern Histories of Prosthetics*, edited by Katherine Ott, David Serlin, and Stephen Mihm, New York UP, 2002, pp. 45-74.

Shumway, David R. and Ellen Messer-Davidow. "Disciplinarity: An Introduction." *Poetics Today*, vol. 12. no. 2, Summer 1991, pp. 201-25.

Simpson, Christopher, ed. *Universities and Empire: Money and Politics in the Social Sciences During the Cold War*. The New Press,

1998.

Sinclair, Upton. *Mental Radio*. 1930. Hampton Roads, 2001.

Stevenson, Ian. “The Uncomfortable Facts about Extrasensory Perception” *Harper's*, Jul. 1959, pp. 19-25.

Swartz, Omar. *The View from On the Road: The Rhetorical Vision of Jack Kerouac*. Southern Illinois UP, 1999.

Tallman, Warren. “Kerouac’s Sound.” *The Tamarack Review*, vol. 11, Spring 1959, pp. 58-74.

“Texts of Truman, Dewey, O’Dwyer Speeches.” *The New York Times*, 1 Aug. 1948, p. 28.

“The Berlin Crisis of 1999.” *The Futurist*, Apr. 1967, pp. 24-25.

The Futurists. Feb. 1967.

“The National Defense Education Act of 1958.” 2 Sep. 1958. *U.S. Government Publishing Office,* https://www.govinfo.gov/content/pkg/STATUTE-72/pdf/STATUTE-72-Pg1580.pdf. Accessed 1 Apr. 2021.

“The Next 32 Years as Seen by Herman Kahn and the Hudson Institute.” *The Futurist*, Feb. 1968, pp. 1-4.

“The Why and Wherefore.” *High Fidelity*, Jan. 1957, p. 51.

Toffler, Alvin. *Future Shock*. Random House, 1970.（『未来の衝撃』徳山二郎訳、中央公論新社、一九八二年）

---. “The Future as a Way of Life.” *Horizon*, Summer 1965, pp. 109-15.

Tolon, Kaya. “Future Studies: A New Social Science Rooted in Cold War Strategic Thinking.” *Cold War Social Science: Knowledge Production, Liberal Democracy, and Human Nature*, edited by Mark Solovey and Hamilton Cravens, Palgrave Macmillan, 2012, pp. 45-62.

Truman, Harry S. “Address at Rollins College, Winter Park, Florida.” 8 Mar. 1949. *trumanlibrary.gov,* https://www.trumanlibrary.gov/library/public-papers/51/address-rollins-college-winter-park-florida. Accessed 1 Apr. 2021.

---. “Address of the President to Congress, Recommending Assistance to Greece and Turkey, 12 March 1947.” 12 Mar. 1947.

trumanlibrary.gov, https://www.trumanlibrary.gov/library/research-files/address-president-congress-recommending-assistance-greece-and-turkey. Accessed 1 Apr. 2021.

Trump, Donald J. “The Inauguration of the 45th President of the United States.” 20 Jan. 2017. *Trump White House Archived,* https://www.youtube.com/watch?v=4GNWldTc8VU&t=2128s&ab_channel=TrumpWhiteHouseArchived. Accessed 1. Apr. 2021.

U.S. Dept. of State. *Department of State Bulletin*, 21 Mar. 1955, pp. 478-79.

“Use Hearing Aid, Baruch Asks Ex-GI’s.” *The New York Times*, 23 Oct. 1947, p. 27.

Waldmeir, Joseph J., and John C. Waldmeir, eds. *The Critical Response to Truman Capote*. Greenwood Publishing, 1999.

Wang, Jessica. *American Science in an Age of Anxiety: Scientists, Anticommunism, and the Cold War*. U of North Carolina P, 1999.

Watson, Steven. *The Birth of the Beat Generation: Visionaries, Rebels, and Hipsters, 1944-1960*. Pantheon Books, 1995.

Whitfield, Stephen J. *The Culture of the Cold War*. 2nd edition. Johns Hopkins UP, 1996.

Wiener, Norbert. *The Human Use of Human Beings: Cybernetics and Society*. Houghton Mifflin, 1950.（『人間機械論——人間の人間的な利用　第二版』鎮目恭夫・池原止戈夫訳、みすず書房、一九七九年）

Wilder, Thornton. “The Silent Generation.” *Harper’s*, Apr. 1953, pp. 34-36.

World Future Society. *The Future: A Guide to Information Sources*. World Future Society, 1977.

Zachary, Gregg Pascal. *Endless Frontier: Vannevar Bush, Engineer of the American Century*. The Free Press, 1997.

Zenith. *Learn Again to Hear*. Brochure. 1945.

---. “These Four Great American Executives.” Advertisement. *National Geographic Magazine*. Mar. 1953.

---. “Troubled with DEAFNESS?” Advertisement. *Harper’s*, Nov. 1948, p. 15.

Zerox. “Ethernet Sketch.” 1973. *Wired.com,* https://www.wired.com/2008/05/dayintech-0522/. Accessed 1 Apr. 2021.

Zorab, George. *Bibliography of Parapsychology*. Parapsychology Foundation, 1957.

アジェル、ジェローム、編『メイキング・オブ・2001年宇宙の旅』富永和子訳、ソニー・マガジンズ、一九九八年。

キットラー、フリードリヒ『グラモフォン・フィルム・タイプライター（上下巻）』石光泰夫・石光輝子訳、筑摩書房、二〇〇六年。

バーク、ピーター『知識の社会史――知と情報はいかにして商品化したか』井山弘幸・城戸淳訳、新曜社、二〇〇四年。

ハント、ティム「酒場で話をする男たち」保坂昌光訳、『ユリイカ』、一九九九年一一月号、一三七―一四九頁。

フーコー、ミシェル『言説の領界』慎改康之訳、河出書房新社、二〇一四年。

ベロフ、ジョン『超心理学史――ルネッサンスの魔術から転生研究までの四〇〇年』笠原敏雄訳、日本教文社、一九九八年。

生井英考『空の帝国――アメリカの20世紀』講談社、二〇〇六年。

上山隆大『アカデミック・キャピタリズムを超えて――アメリカの大学と科学研究の現在』NTT出版、二〇一〇年。

越智博美『カポーティ――人と文学』勉誠出版、二〇〇五年。

佐藤良明「『オン・ザ・ロード』は何故こんなに特別なのだろう?」、『ユリイカ』、一九九九年一一月号、一〇八―一一四頁。

巽孝之『増補新版　ニュー・アメリカニズム――米文学思想史の物語学』青土社、二〇〇五年。

米国大使館文化交換局編『アメリカーナ』（一九五五年～一九六二年）国立国会図書館デジタルコレクション。https://dl.ndl.go.jp/info:ndljp/pid/1866037. 二〇二一年四月一日閲覧。

宮田昇『図書館に通う――当世「公立無料貸本屋」事情』みすず書房、二〇一三年。

宮本陽一郎『アトミック・メロドラマ――冷戦アメリカのドラマトゥルギー』彩流社、二〇一六年。

渡辺靖『アメリカン・センター——アメリカの国際文化戦略』岩波書店、二〇〇八年。

初出一覧

※いずれの章も初出の論文に加筆修正を施している。

序章　書き下ろし

第1章　「核と学の遭遇——『ダック・アンド・カヴァー』、コナント、サリンジャー」『アメリカ映画のイデオロギー——視覚と娯楽の政治学』細谷等・中尾信一・村上東編著、論創社、二〇一六年、二〇一—四六頁。

第2章　「冷戦の補綴術——核時代における補聴器テクノロジーの言説と表象」『アメリカ研究』第四二号、アメリカ学会、二〇〇八年、一一九—一三六頁。

第3章　「対抗するサウンドスケープ——『オン・ザ・ロード』における音響ネットワークの形成」『アメリカ文学』第六九号、日本アメリカ文学会東京支部、二〇〇八年、九—一五頁。およびその増補版、「対抗するサウンドスケープ——『路上』における聴覚ネットワークの生成」『アメリカン・ロードの物語学』松本昇・中垣恒太郎・馬場聡編著、金星堂、二〇一五年、八七—一〇一頁。

第４章　「Something in the Air――超心理学者ジョセフ・バンクス・ラインのテレパシー研究」、『アメリカ文学評論』第二一号、筑波大学アメリカ文学会、二〇〇九年、一九―三七頁。

第５章　「ティファニーで冷戦を――『ティファニーで朝食を』における航空旅行の地政学」『冷戦とアメリカ――覇権国家の文化装置』村上東編著、臨川書店、二〇一四年、一七三―一九九頁。

第６章　「利用可能な未来――冷戦期合衆国における未来学の編成」『アメリカ文学評論』第二二号、筑波大学アメリカ文学会、二〇一一年、一―一二頁。

終章　「大学出版局というブラックボックス」『アメリカ文学評論』第二三号、筑波大学アメリカ文学会、二〇一二年、四四―四七頁。

あとがき

本書は、筆者が二〇一二年に筑波大学に提出した博士論文『チェーン・リアクション——冷戦初期合衆国における学術領域の編成』をもとにしたものである。

博士論文のテーマに、冷戦を選んだのは、同時代的な状況によるところが大きかった。当時、アメリカ合衆国の大統領はアフリカ系アメリカ人バラク・オバマであり、彼は、アメリカ国内外から絶大な人気を博していた。しかし一方で、オバマの外交方針をふまえたとき、これからアメリカと中国の溝が深まっていくことは避けがたく、近い将来、米中新冷戦が勃発することになるだろうという危惧も同時にささやかれ始めていた。こうした国際的な動きを目にしていくなかで、私は、二一世紀になり再び繰り返されようとしている冷戦というパラダイムは、そもそも前世紀半ばにいかに誕生したのか、次第に疑問を抱くようになっていった。そして完成したのが、本書の原型となる博士論文であった。

それからおよそ十年、事態はどう変わっただろうか。当初の予想どおり、米中対立は減速するどころか、一気に加速していった。本文でも述べたとおり、オバマ政権を引き受けて、二〇一七年に大統領となったドナルド・J・トランプは、アメリカと中国の争いを自由主義と全体主義の戦いと捉え、中国への強硬的な態度を貫く政権を、四年にわたり運営していった。「新冷戦」という語は、この時期に明らかにメディアで頻用されるようになっていった。

この勢いは、大統領がジョー・バイデンに変わっても、まったく衰える気配はなかった。私は、本書の執筆が佳境に入った二〇二一年四月二八日（米国時間）に、その事実を、改めて実感することとなった。この日、就任後初となる施政方針演説を行うため、バイデン大統領はアメリカ議会の演壇に立っていた。そこで彼は、中国の習近平国家主席を「専制主義者」と名指しで非難し、「人権と基本的な自由」を毀損する中国に対して、アメリカはこれから毅然と立ち向かっていき、最終的に「二一世紀の競争に勝利をおさめていく」と、大々的に宣告したのである。

この演説を観ながら、私は、一九四七年三月一二日に、バイデン大統領と同じ演壇に立っていたハリー・S・トルーマン大統領の姿を、想起しないわけにはいかなかった。この日、トルーマン大統領は、自由主義陣営に連なるギリシャとトルコを、全体主義国家ソ連の脅威から守るため、両国に対して大規模な財政支援を行なっていくことを確約した。この布告により、米ソ間には激しい摩擦が生じることとなり、以後、両国は軍事衝突を回避しながら、互いの理念や生活様式の優劣を競い合っていく冷戦へと、実質的に突入していくこととなった。

私が、バイデン大統領の背後に、トルーマン大統領の影を感じ取ったのは、アメリカの価値観を擁護しつつ、中国を過剰に敵視しようとしていく彼の言葉づかいのなかに、まさにこのトルーマン・ドクトリンと響き合うものを聞き取ったからに他ならない。二〇二一年は、ソ連が崩壊してちょうど三〇年を迎える年であるが、冷戦的思考は、消え去るどころかむしろ頑強なまでに生き延び続けている。バイデン大統領の演説は、それを見事に例証するかたちとなった。

このように、二〇二〇年代に入った今もなお、アメリカそして世界が囚われ抜け出すことのできていない冷戦とは、はたしてどのような人や機関の連携体制のもとで立ち上がったのだろうか。本書はこのこんにち的な問いに対する、アメリカ文学・文化研究者からの、ひとつの応答であった。博士論文の提出から出版まで時間を要することとなったが、結果的に時宜を得たものになったと、今は確信している。本書をきっかけに、冷戦をめぐる議論や対話が、様々な場で生まれることになれば、筆者として望外の喜びである。そのような願いを込めて、この一冊を世に送り出したい。

最後にこれまでお世話になった方々に、感謝の意を表したい。

まず、博士論文を審査してくださった宮本陽一郎先生（筑波大学。現・放送大学）、故・鷲津浩子先生（筑波大学）、佐野隆弥先生（筑波大学）、越智博美先生（一橋大学。現・専修大学）に、厚くお礼を申し上げたい。とくに、大学院に在籍しているあいだ、長きにわたり私をご指導くださった指導教官の宮本先生には、心より感謝を申し上げたい。先生のもとで学び続けた日々があったからこそ、私は本書を書き上げることができた。また、副指導教官の鷲津先生にも深謝したい。ご存命中に脱稿できなかったことが悔やまれるが、先生からいただいた多大なる学恩に対して、本書がいくばくかのお返しとなっていれば幸いである。

本書のもととなった原稿は、日本アメリカ文学会、日本英文学会、アメリカ学会、筑波大学アメリカ文学会などの学会で口頭発表されたものである。発表に際して司会をしてくださった先生方、貴重なご意見やご質問をくださったフロアの方々に、ここで改めて感謝を申し上げたい。とりわけご自身が取り組まれていた冷戦研究のプロジェクトに、大学院生であった私を招いてくださった村上東先生（秋田大学）に、ここでお礼を申し上げたい。

大学院の先輩方や友人たちも、貴重な存在であった。今も変わらず、私の研究に率直な意見をくださる山口善成さん（金沢大学）、千葉洋平さん（中京大学）、平沼公子さん（名古屋短期大学）に、この場を借りて感謝したい。

あとがき

現任校である流通経済大学は、本書をまとめあげていくうえで大切な場所となった。いつも親切にしてくださる教職員の方々と、私の講義に真剣に耳を傾けてくれる学生たちに、お礼を伝えたい。

本書で論じられている資料の多くは、筑波大学附属図書館、国際基督教大学図書館、流通経済大学図書館、アメリカ議会図書館、カリフォルニア大学サンタバーバラ校図書館で得たものである。私を温かく迎えてくださり、ときに一緒に資料を探してくださった、これらの図書館の司書の方々に謝意を表したい。

第二章を執筆するにあたっては、財団法人松下国際財団からの研究助成を受けた。貴重な在外調査の機会を与えてくださったことに、記して感謝したい。

博士論文の刊行をご快諾くださったのは、小鳥遊書房の高梨治氏である。初となる単著を前に右往左往し続ける私に、氏はいつも温かい手を差し伸べてくださった。折に触れ出版を力強く後押ししてくださったことは、とても大きな励みとなった。深くお礼を申し上げたい。

そして、いつも近くから支えてくれる妻と娘、遠くから見守ってくれる母と亡き父には、最大限の感謝の気持ちを表したい。私が、今こうして研究者の道を歩み始めることができているのは、ひとえに家族のおかげである。

皆さま、本当にありがとうございました。

二〇二一年五月

三添　篤郎

索引

※おもな人名、事項を五十音順に記した。
作品は作家ごとに字下げしてまとめてある。

【カ行】

【ナ行】

【ハ行】

【マ行】

【ヤ行】

【ラ行】

【ワ行】

【著者】

三添篤郎

（みそえ　あつろう）

流通経済大学准教授。筑波大学大学院博士課程人文社会科学研究科単位取得退学。博士（文学）。専門はアメリカ文学・文化。共著に、『＜法＞と＜生＞から見るアメリカ文学』（悠書館、2017 年）、『アメリカ映画のイデオロギー——視覚と娯楽の政治学』（論創社、2016 年）、『アメリカン・ロードの物語学』（金星堂、2015 年）、『冷戦とアメリカ——覇権国家の文化装置』（臨川書店、2014 年）ほか。

冷戦《れいせん》アメリカの誕生《たんじょう》
協働《きょうどう》する文化《ぶんか》と研究《けんきゅう》

2021年10月29日　第1刷発行

【著者】
三添篤郎

発行者：高梨 治
発行所：株式会社**小鳥遊**《たかなし》**書房**
〒102-0071　東京都千代田区富士見1-7-6-5F
電話 03 (6265) 4910（代表）／FAX　03 (6265) 4902
https://www.tkns-shobou.co.jp

装幀　鳴田小夜子（坂川事務所）
印刷・製本　モリモト印刷株式会社

ISBN978-4-909812-62-9　C0098